徹底批判!!「私たちの道徳」

道徳の教科化でゆがめられる子どもたち

子どもと教科書全国ネット21〈編〉

合同ブックレット
06

合同出版

読者のみなさまへ

安倍政権・自民党は「戦後レジーム（体制）」を解体して「強い国・日本」を実現すると主張し、憲法改悪と一体のものとして、改悪後の「国のかたち」を先取りした「教育再生」政策を推し進めています。

安倍「教育再生」政策は、①大企業のための人材（ひとにぎりのエリートと圧倒的多数の従順な労働者）の育成（新自由主義）、②「戦争する国」の人材（「国防軍」の兵士とそれを支え戦争を支持する人びと）の育成（新国家主義）をめざすものです。教育の目的は一人ひとりの子どもの「人格の完成」をめざすものであり、「人材（もの）」ではなく「人間」を育てることですが、彼らは子どもを「人材」としか見ていないことがわかります。

そして、安倍「教育再生」政策の一つの「目玉」が「道徳の教科化」です。下村博文文科相は、２０１３年2月26日「教育再生実行会議」の第一次提言「いじめの問題等への対応について」を受け、４月４日「道徳教育の充実に関する懇談会」を設置し、その「報告」（12月2日）に基づいて、２０１４年2月17日、道徳を「特別の教科」として正規の教科に格上げすることについて、14年秋をめどに方針をまとめるよう中教審に諮問しました。中教審の道徳教育専門部会は9月19日に「答申案」をまとめ、中教審は9月30日の総会で答申案を大筋了承し、つぎの会議で正式に答申をする予定です。

「答申」は、「道徳教育の使命」は、「人格の基盤」となる「道徳性」を育てることにあり、道徳教育は「教育の中核をなすべきもの」としています。これに基づいて、①道徳を「特別な教科　道徳」として正規の教科に格上げして道徳教育を義務化する、②「特別な教科　道徳」を「要」として学校の教育活動全体を通じて道徳教育をより確実に展開するよう教育課程を「改善」する、③国が検定基準を定める検定教科書を導入する、④数値での評価はしないが、子どもの作文やノート、発言、行動などをもとに評価を行ない「道徳教育の成果として行動面にあらわれたものを評価する」、⑤授業は原則学級担任が担当する、⑥授業時数は当面週1コマ（年間35時間）、⑥道徳教育推進リーダー教師を設置する、などとしています。さらに、現在、道徳の時間がない幼稚園や高等学校、特別支援学校でも道徳教育を「充実」させることも提言しています。

「答申」は、子どもの考え方から行動まで全面的に評価の対象にする方針を示し、国家が定めた特定の徳目（価値）を検定基準として教科書を作成し、それだけが唯一正しい「日本人の道徳」だとして「愛国心」をはじめとした特定の価値観を教え込むものです。これは、憲法が定める「思想・良心の自由」を踏みにじって、国家が定める「愛国心」「公共の精神」などの徳目・価値観を子どもたちに押しつけるものです。これは、日本も批准している「子どもの権利条約」に明白に違反するものです。安倍政権・文科省は、これに先立って14年2月に『心のノート』を全面改訂した『私たちの道徳』を発行して、小・中学生全員に配布し、その使用を強制しています。

私たちは、このような状況に大きな危機感をもち、『私たちの道徳』や「道徳の教科化」の内容、危険なねらい、背景や問題点などを明らかにし、教員・保護者・市民に広く知らせていく必要があると痛感しています。このブックレットでは、『私たちの道徳』や「道徳の教科化」を批判するだけではなく、道徳教育をめぐる歴史的な経過を明らかにし、道徳教育は本来どうあるべきかについても、討論の素材を提供しています。

本書が、多くの人びとに読まれ、学習用の教材として広く活用されることを願っています。

２０１４年10月　俵　義文（子どもと教科書全国ネット21事務局長）

もくじ

読者のみなさまへ　俵 義文（子どもと教科書全国ネット21事務局長）　2

第1章　『私たちの道徳』を読み解く　鶴田敦子（元聖心女子大学教授）……6

学校現場からの提言
■子どもを追いつめる道徳の教科化……小佐野正樹（科学教育研究協議会元委員長）　34
■多様で創造的な道徳教育を実践する……貝田 久（元埼玉県内公立小学校教諭）　38
■道徳の教科化を教育現場はどう受け止め、どう対処するか……真田裕子（東京都内公立中学校教諭）　41

第2章　私たちがめざす道徳教育と道徳の授業　藤田昌士（元国立教育研究所研究室長・元立教大学教授）……45
■戦後道徳教育はどのように変遷してきたか……藤田昌士（元国立教育研究所研究室長・元立教大学教授）　50

第3章　安倍「教育再生」は「戦争する国」をねらう　俵 義文（子どもと教科書全国ネット21事務局長）……65

第4章　安倍教育政策にどう立ち向かうか　俵 義文（子どもと教科書全国ネット21事務局長）……86

巻末資料　89
参考文献　102
編者紹介　103

表紙デザイン　宮坂佳枝
表紙イラスト　佐藤香苗
組版　酒井広美

【凡例】

■道徳教育用教材（文部科学省作成）

『こころのノート』（小学校1・2年）、『心のノート』（小学校3・4年、小学校5・6年、中学校）として作成された（2002年配布）。その全面改訂版として『わたしたちの道徳』（小学校1・2年版、小学校3・4年版）、『私たちの道徳』（小学校5・6年版、中学校版）の4冊が作成されている（2014年4月無料配布）。

本書では、『私たちの道徳』と表記し、学年別は、小学校1・2年、小学校3・4年、小学校5・6年、中学校と表記した。

裏表紙写真＝『私たちの道徳』左から小学校1・2年版、小学校3・4年版、小学校5・6年版、中学校版

第1章

『私たちの道徳』を読み解く

鶴田敦子（元聖心女子大学教授）

1 『私たちの道徳』の概要

『私たちの道徳』（図①）は、2002年以降に無償配布された『心のノート』の改訂として出されたもので、2014年4月、全国の小・中学校に無償で配布されています（1000万部、配布費用を含め約9億8000万）。

子どもや保護者が記入する欄もあり、笑顔の写真やイラストがふんだんに載っていて、親しみやすい体裁になっています。ページ数も費用も『心のノート』の約1.5倍だけに丁寧な編集がされています。

この『私たちの道徳』は、これからの教科道徳の教科書の雛形として編集されています。

安倍首相直属の教育再生実行会議は、第一次提言である「いじめの問題等への対応について」（13年2月）において、2007年に起きた大津いじめ事件をとりあげて、道徳の教科化を提言しました。それを受けて文科省有識者会議の「道徳教育の充実に関する懇談会」は、その報告「今後の道徳教育の改善・充実について」（13年12月）（以下『懇談会報告書』）で、道徳を「特別な教科道徳」として「正規の教科」に設置する方向を打ち出し、中央教育審議会教育課程部会道徳専門部会（14年3月～）で14年9月19日、答申案をまとめました。

その報告を受け、次期の学習指導要領の改訂（16年）前に、道徳教育を教科にして強化したいと考える文科省は、その地ならしとして『私たちの道徳』を刊行しました。

『懇談会報告書』では、『心のノート』を改訂する際の留意点として、およそつぎの4つをあげています。

①自ら考え、実際に行動できるようになることに資する内容にする。

図①　特別教科「道徳」の副教材『私たちの道徳』は子どもたちをゆがめる

『心のノート』とおなじですが、『私たちの道徳』にも表紙に意図的なメッセージがあるようである。小学校１・２年の表紙には小さな双葉が描かれ、小学校３・４年では、これが小さな木になり、小学校５・６年ではだいぶ大きく成長し、中学校では青々と繁る大きな樹になっている。この木の芽（双葉）は「道徳心」「愛国心」をあらわしていて、『私たちの道徳』で学べば、「道徳心」「愛国心」がだんだん育って、９年後には大樹になるということをあらわしているようである。

②「読み物」と「書き込み」をセットに、先人の名言、偉人や著名人、伝統文化、生命尊重に関する読み物などの素材を盛り込む。

③いじめ防止の観点、児童の多様性の配慮、「礼」など伝統文化に根ざす内容、道徳的実践をうながす振る舞いなどの「技法」「食育」「市民性を育む教育」「法教育」「情報モラル」などを重視する。

④家庭教育との連携や家庭における活用を重視した内容を盛り込む。

このような「改善策」がどのように『私たちの道徳』に反映されているかは、そのつど紹介していきたいと思います。

さて、一方の学習指導要領「道徳」の項目は主として、①自分自身に関すること、②他の人とのかかわりに関すること、③自然や崇高なものとのかかわりに関すること、④集団や社会とのかかわりに関することの４つからなり、項目数は小学校・中学校あわせて80項目にもなります。いちばん項目数が多いのは④の29項目で、全体の36%を占めています。なかでも、④には「郷土を愛す」「国を愛す」「国家の発展に尽くす」「伝統文化を尊重」などという項目（中学校）があり、一見言葉は穏やかですが、「愛国心」を教育するための教材になっています。
結論から言えば、人と人との関係としての道徳は、学習指導要領の「道徳」では、「愛国心」を受け入れる人間づくりの下地として位置づけられているのです。

2　滅私・利他の人間が推奨されている道徳

学習指導要領の①自分自身に関することでは、「やろうと決めたことは最後まで」（小学校3・4年、22ページ）、「内なる敵…自分の夢を散々邪魔して、足を引っ張り続けたのは、結局自分であったことを振り返る」（中学校、18ページ）などととりあげ、正直・節度・勇気・誠実・努力・自律などが説かれています。

②の他の人とのかかわりに関することでは、「だれにでもある心の温かさ。どうすればあの人のためになるのかと考えてみる。それが、あなたの思いやり。あなたらしい思いやりの心を育てよう」（小学校5・6年、60ページ）など、礼儀・思いやり・尊敬・親切・感謝・謙虚などが示され、自分を反省し、努力し、他人のために尽くす人間像が価値あるものとして説かれています。

また、自分の意思や意見を相手に伝える・述べる内容は、「勇気」の話（小学校3・4年、30～34ページ）、あるいは集団に対する責任の話（小学校5・6年、150～151ページ）にはありますが、他人との関係を考える内容にはなっていません。自分の思いや考えを伝えることは、「子どもの権利条約」が明記する権利であり、コミュニケーション能力は国際社会でも求められる重要な社会的能力です。

こうした視点がないのは、『私たちの道徳』がとりあげている価値の多くが、戦前の「修身」の徳目を踏襲しているため、国際社会に共通する「自己肯定」「対話」「意見表明」「異なる意見の尊重と合意」「差異のあるあいだでの平等」などに価値を見出していないからだと思われます。

3　「価値を押しつける」道徳教育

『懇談会報告書』は、「価値の押しつけになってはならない、誰かのいいなりになる人間にしてはならない」と強調していますが、『私たちの道徳』の内容は、これとは対極の内容になっています。

(1) 一つの価値を前提にして誘導する

巻末資料①を見てください。タイトルを見ればわかるように、すべてがある方向を示しています。学年で多少

図② 画一的な生活の仕方を誘導し、画一的な人間を求める

違いはありますが、「○○しましょう」という指示がなされ、心理主義（12ページ参照）を導入して一つの価値へと誘導しています。項目ごとの自己チェックや、考えさせたり書かせたりもしていますが、一つの価値を前提にした枠内でのチェックやまとめでしかありません。

(2) 生活の仕方を指示する

この4冊の『私たちの道徳』（小学校用3冊、中学生用1冊）は、全部に規則正しく節度をもって生活することを最初に推奨しています。

食事に関しては、「朝ごはんをしっかりと食べているかな」（小学校1・2年、20ページ、図②）、「朝ご飯をしっかりと食べる。好ききらいなく食べる」（小学校3・4年、10ページ）、「バランスの良い毎日の食事は、元気に活動し、成長していくために大切なことです」（小学校5・6年、12ページ）と説き、中学校では「自分の生活習慣をチェックしてみよう（朝食をしっかりと食べる）」（13ページ）と提起しています。

これらの生活に関連する項目は、〝行動できるように資する〟〝実際的振る舞い〟〝食育〟〝家庭で活用できる〟という『懇談会報告書』の留意点からとりあげられたと考えられますが、道徳教育が「生活の仕方教育」になっ

ているという問題があります。さらに国家が理想とする画一的な生活の仕方へ子どもたちを誘導するものです。本来の道徳教育は、画一的な生活や人間を求めることではないはずです。

(3)多様な子どもへの配慮がない

『私たちの道徳』に登場するのは、笑顔の健康な子どもたちがほとんどです。院内学級の子（「みんな待っているよ」小学校３・４年、１５４～１５７ページ）、外国籍の子ども（「愛の日記」小学校５・６年、１３６～１３９ページ）、入院している子ども（「キミばあちゃんの椿」中学校、１０８～１１３ページ）が「読み物」に登場しますが、病気や障がいをもった子ども、外国籍の子どもをテーマにした内容ではありません。子どもの多様性に配慮するといいながら、多様性を認め合う道徳的内容は希薄です。

(4)「きまりだから守れ」

決まりを守らなかったときの迷惑や、決まりの意義について考えさせたり、決まりを新しくつくる記述もあります（「ぶらんこ復活」小学校３・４年、１２２～１２３ページ／「きまりは何のために」小学校５・６年、１２６～１２９ページ）。これらの内容は評価できるものですが、再三出てくる決まりに関する記述は、つぎのようなさまざまな問題を含んでいます。

①人を傷つけない・人の物をぬすまない・うそを言わない・弱い者いじめをしない・ひきょうなことをしない・暴力をふるってはいけない、を決まりに入れて（小学校３・４年、１２８～１２９ページ、図③／小学校５・６年、１３０～１３１ページ／中学校、１４６～１４７ページ）、決まりを守ることの重要性を強調します。

暴力・ぬすみを除いた他の行為は、決まりの範疇に入るものではなく、基本的には人と人との関係に関する事柄です。これを決まりに入れる意図はどこにあるのでしょうか。

②決まり・法はすべて「いいもの」という前提で書かれていて、変える必要があるものもあること、問題がある場合は変えていくという視点はありません。

③一般的な決まり・スポーツのルール・法などの共通点や相違点を区別することなく、決まりを守らないと罰せられることを述べています（中学校、１３６ページ）。これは『心のノート』でも批判されていたことですが、何ら修正されていません。

図③　決まりでない範疇の事柄まで決まりとして押しつけ、守らせることだけに価値を置く

④人を傷つけることはどういうことなのか、なぜ、人を傷つけてはいけないのか、なぜ人を傷つけることをしてしまうのかなど、相手の立場になって考えましょうという言葉はありますが（小学校3・4年、128ページ）、考えさせる手だてはまったく示されていません。内容をともなわない「きまりだから守れ」は、押しつけ以外の何ものでもありません。

この「きまりだから守れ」の強調は、子どもたちが相互に成長し合う関係から、守らない者を互いに監視し合う関係に転換することが危惧されます。ここには、教育の視点はありません。最近の秩序維持のためのゼロ・トレランス（罰則規定を定めた行動規範を示し、破った生徒にはただちに責任をとらせる管理主義・厳罰主義）と重なってきます。

『私たちの道徳』の編者は、決まりを守ることが、「市民性の教育」「法教育」であると理解しているのでしょう。「市民性の教育」をこのようにとらえる理解は、教育再生実行会議の「いじめの問題等への対応について」では「子どもたちが社会の一員として守らなければならない決まりや行動の仕方を身に付け、時と場合に応じて責任ある行動や態度をとることができるよう、市民性を

育む教育（シチズンシップ教育）」と展開されています。「市民教育」「法教育」についてはさまざまな見解があり、教育再生実行会議の見解は一般的ではありません。「決まりを守ることを教える」とは、「守れ」と指示することではなく、なぜその決まりがあるか、決まりの意味を十分理解し、そのうえで、自分の意思として決まりを守ることを選択するプロセスを踏ませること、さらには、決まりを自分たちでつくったり変えたりできるという経験を踏ませることです。『私たちの道徳』には子どもを判断の主体に育てていくという教育の視点がありません。

金沢大学の松下良平教授は、決まり重視の傾向が強まっている風潮について、生活の不安定層が増大しているいまの社会において、負け組の不満を抑えて、秩序を維持する機能を受けもつことが期待されていることにも一要因があることを指摘しています（松下良平『道徳教育はホントに道徳的か？「生きづらさ」の背景を探る』日本図書センター、２０１１年）。

4 「教育」に導入される心理主義の弊害

『心のノート』における心理主義は、多数の識者がその問題点を指摘してきました（三宅晶子『「心のノート」を考える（岩波ブックレットNo.５９５）』岩波書店、２００３年／小沢牧子・長谷川孝『「心のノート」を読み解く』かもがわ出版、２００３年など）。心理主義の手法とは、客観的・理性的な思考をともなわないで、感覚や情緒で判断する、あるいは判断するように仕向ける、さらに、問題を自分の心の問題にのみ向かわせ、解決を心のもち方に求める手法です。道徳を、心・内面の問題だととらえる立場では、心理主義的手法の導入は当然と見なされているのでしょう。

しかし、心理主義は、人間は、心と身体が一体のものとして存在しているという自明のことを看過しています。空腹が長く続けば、矜持《きょうじ》だけで、心を安定させることは不可能になっていきます。生物として生きることが可能な一定の環境が保証されなければ、人間は「人間としての心」を持続させることはできません。だからこそ、道徳教育は、現実生活を客観的にとらえることと結合しなければならないのです。

仮に「心」だけをとり出すことはあったとしても、その心を他者が教化する「心の教育」になってはならず、心理主義の導入は、ごく限定された部分でのみ許容されるものなのです。しかし、『私たちの道徳』では、教育の手法の根底に心理主義を据え、教化したい価値と心理主義の手法が、織りなす糸のように巧みに絡み合って展開されていきます。

(1)「人物主義道徳教育」と「読み物」の導入

『私たちの道徳』では、古今東西の成功者・偉人などを多くとりあげ、成功するまでの足跡・その人のメッセージを紹介しています（巻末資料②）。また、読み物（各冊に10本前後）を多数掲載して、いわゆる人物主義・読み物主義道徳教育の特質を鮮明にしています（巻末資料③）。

一つの価値ごとに、対応する「人物」「読み物」「格言」などを1セットにして提示していますので、子どもたちには内容を考える前に、その項目で説かれる価値の見当がついてしまうつくりになっています。これらは戦前の修身教科書が採用していた手法で、その内容に感動する人間の心理を巧みに利用して、二重に価値を刷り込んでいく効果があります。

人物・読み物主義道徳教育は、道徳教育をすすめる有識者の会編の『はじめての道徳教科書』『13歳からの道徳教科書』（育鵬社刊）にも見られます。この2冊の本でとりあげられた人物や読み物は『私たちの道徳』と一部分重なるものもあります。この会の渡部昇一代表世話人は、まえがきで、「子供の頃から伝記を読ませるのが一番です。伝記を読んで感奮すると、その偉人に一歩近づくことになります」と述べて人物・読み物主義道徳を推奨しています。たしかに実在の成功者・英雄・偉人などの伝記は、夢や希望・目標を子どもに与え、子どもを励ます一面があります。その効果をねらって、『私たちの道徳』では、有名な若いスポーツ選手を数多くとりあげています。

しかし、現実には全員が成功するわけではなく、多くの人は、自分の努力不足や能力のなさなどに直面します。ここに人物主義道徳教育の限界があります。

●成功の要因はその価値にあったとする考え方

人間は、その人自身のもって生まれた能力・関心や、成長過程における、周囲の人的・経済的・社会的・自然的環境などの影響といったさまざまな要因によって育成されますが、人物主義道徳教育では、その人間がよりどころとした・選択した価値によって成功が得られたかのように説明していきます。

たとえば、『私たちの道徳』では、プロ野球選手の松

図④　人物主義道徳教育は「自己肯定感の低下」へとつながる

目標を目指しやり抜く強い意志を

この人に学ぶ

saying
この人のひと言

目標なくして人は何事もなしえない。
アウレリウス
■マルクス・アウレリウス・アントニヌス（121〜180）
ローマ帝国16代皇帝。『自省録』。

自分にはできないと思う大抵《たいてい》の出来事は、できないのではなく、本当はやりたくないだけなのだ。
スピノザ
■バールーフ・デ・スピノザ（1632〜1677）
オランダの哲学者。『エチカ』など。

希望とは、もともとあるものとも言えぬし、ないものとも言えない。それは地上の道のようなものである。もともと地上には道はない。歩く人が多くなれば、それが道になるのだ。
魯迅
■ろじん（1881〜1936）
中国の小説家、思想家。『阿Q正伝』など。

● あなたの見付けた言葉、考えたこと。

21

message
メッセージ

僕は一歩ずつ階段を上がっていくタイプだと思います。急激にすごい数字を残すとか、すごい技術を身につけるとか、そういうことは恐らくないでしょう。一進一退を繰り返しながら、ちょっとずつ進歩していくしかないと思っています。

そして、きっちり階段を上っていくためには、「夢」と呼べるような大きな目標だけでは足りません。今年の目標、今月の目標、今日の目標と、まずは身近な目標を定めるようにしています。目標は数字ではなく、具体的な行動にした方が目安になります。

大リーグへ移籍した当初、僕は大リーグ投手が持つクセ球に悩みました。外角へのボールが、沈むようにしてさらに外へ落ちていくのです。（中略）何度打ち取られても、そのクセ球につられてバットを出してしまい、セカンドゴロになってしまいました。「ゴロ王」と呼ばれた由縁もここにあります。

究極の目標としては、そのような球もスタンドまで運びたい、ホームランにしたい。しかし、急にホームランを打てるようになるはずがありません。それでは、何をすべきでしょうか。

僕はまず、外のストライクゾーンを見極めることを目標としました。（中略）そして次に、左方向へ強い打球を飛ばそうと考えました。こうして外の球をヒットにできれば、相手投手の攻め方が変わってきます。「松井は外角球もヒットにする」と思えば、内角を攻めてくるでしょう。そうなれば甘い球も出てきます。そして、その球を逃さず捕らえれば、ホームランだって打てるはずです。

もちろんこれは、頭で考えた理屈で、実際にはこんなに簡単にはいきません。でも、このように考えれば、日々努力する具体的な内容が分かります。打てずとも、混乱に陥ることは少なくなります。

●松井秀喜著『不動心』（新潮新書）より抜粋

僕は一歩ずつ
階段を上がっていく
タイプだと思います。
松井秀喜

●石川県出身。元プロ野球選手。高校時代は春夏4回甲子園に出場する。卒業後、読売ジャイアンツに入団し背番号55、外野手4番の強打者として活躍。日本のプロ野球界の中心選手となった。●平成15(2003)年に大リーグのニューヨーク・ヤンキースに移籍。2009年ワールドシリーズでは日本人選手として初の最優秀選手に選ばれた。●2012年のシーズンを最後に引退。平成25(2013)年国民栄誉賞受賞。

素振りを繰り返した高校時代の松井さんの手

松井秀喜（まついひでき）1974〜

20

井秀喜を「目標を目指しやり抜く強い意志」という面からのみとりあげ、その手本として登場させます（中学校、20ページ、図④）。国民栄誉賞を受賞し、子どもにも人気がある選手ですから、それを目標にして自分もがんばろうと思う子どももたくさんいますが、人間を精神面だけでとらえるかたよった見方では、成功できなかったのは自分の弱さにあるとする「自己卑下」や「自己肯定感の低下」へ導く面もあります。

●実現可能であると思わせ励行へ導く

『私たちの道徳』では、二宮金次郎《にのみやきんじろう》を「小さな力のつみかさね―二宮金次郎―」（小学校1・2年、28〜31ページ）、マラソン選手の高橋尚子を「きっとできる」（小学校3・4年、26〜29ページ）、体操選手の内村航平を「希望と勇気をもってくじけずに」（小学校5・6年、19ページ）でとりあげ、「目標に向かって努力を重ねた人たち」（20ページ）で、豊田佐吉、森光子、向井千秋を紹介しています。

これらの人物が、子どもたちのモデルになり、自分にも可能だと思い、目標、励みになる効果はたしかにあります。しかし、社会の不合理（子どもの相対的貧困率が6人に1人／2012年など）な現実を捨象して努力を説く人物主義道徳教育は、はじめは多くの子どもたちが「希望・夢に向かって努力」するものの、挫折した際、「自信喪失」や「あきらめ」「希望喪失」に陥り、そこから立ち直っていく道筋を見い出す手がかりを得ることは難しいでしょう。

●成功者の権威をかりた価値の教化

『私たちの道徳』には、偉人・著名人の言葉が１００本以上紹介されています（巻末資料②）。偉人・著名人の言葉（格言）にある種の普遍的な意味があるとしても、一つの価値に対応させてその言葉を配置させる手法は、偉人・成功者の権威を利用して価値を教化する心理主義の教育手法です。

こうした人物主義道徳教育は、〝価値を受け入れて努力への励行〟と、〝権威者への従順の誘導〟という二つの課題の実現をめざすもので、その教育が生み出す結果は戦前の修身教育で実証ずみのものです。

●「読み物」は教材の体をなしているか

『私たちの道徳』では、ほとんどが、「一価値一読み物」という組み合わせになっています。「一価値一読み物」は、わかりやすく感動させるかもしれませんが、子どもたちが判断力をつける教材としては適切ではないでしょう。

また、「一価値一読み物」の手法は現実とかけ離れていることを指摘しなければなりません。現実に出会う事柄は、複数の、しばしば対立する価値が混在しているからです。

それでもなお、『私たちの道徳』の「読み物」を検討してみると（もくじに「読み物」として記しているものを対象）、①使い方によっては子どもに判断させる余地を残しているもの、②感動させたりするが読み物としてある価値に終結しているもの、に大別できます。

①に分類できる「読み物」は、小学校１・２年は12本中２本（「るっぺどうしたの」「黄色いベンチ」）、小学校３・４年は、12本中３本（「心と心のあく手」「富士と北斎」「ブラッドレーのせい求書」）、小学校５・６年は13本中２本（「最後のおくり物」「ブランコ乗りとピエロ」）、中学校では10本中３本（「二人の弟子」「二通の手紙」「卒業文集最後の二行」）で、全体47本中10本のみでした。

「読み物」は「教材」であるということを踏まえるならば、『私たちの道徳』では、「読み物」を子どもに価値を考えさせる教材ではなく、感動させ、ある価値を刷り込む心理主義の道具として利用していると言えます。

図⑤　物事を感情的にとらえ、客観性を育てない

(2)心理操作として機能する心理主義

●気持ちで判断させる

小学校1・2年の、学習指導要領①②（7ページ参照）に対応する箇所は、気持ちで価値をすすめる例がほとんどです。小学校3・4年の、「正直に明るい心で」（38～41ページ、図⑤）では、「自分に正直になれば心はとても軽くなる」という見出しの後、「すなおな心……気持ちがすっきりとして、心が軽くなりませんか」「すなおになれない心……心が暗くなりませんか」と続き、『「心のつな引き」で自分と向き合おう』と続きます。その後のページでは、「自分の心に正直に行動できてうれしく感じたことはありますか。そのときの気持ちをふり返ってみましょう」と自分の気持ちを記入させます。

このように、物事を感情的にとらえる見方は、物事を客観的にとらえて判断する力を育てず、感覚的・感情的に処理することでよしとするという風潮に絡めとられ、果ては、差別や排他主義につながることが懸念されます（岩川直樹・船橋一男『「心のノート」の方へはいかない』寺子屋新書、２００４年）。

●自分で選択したように思わせる

　小学校5・6年の「自律的で責任ある行動を」（28〜33ページ）では、「自由は『自分勝手』とはちがう」「『楽ができる』ということでもない」という見出しをつけたうえで、「あなたが考える『自由』とはどのようなものですか」を記入させます。その後のページでは、「自由だからできること」の見出しの後に、「その自由は、自分自身を駄目にしていないか。その自由は、他の人のめいわくになっていないか」というコメントがあり、「自由だからこそ、気を付けなければならないことは何でしょう」という問いを出し、その答えを記入させています。そしておなじページに、「自制心のない者に自由はない」（ピタゴラス）と「自由とわがままとの界《さかい》は他人のさまたげをなすとなさざるとの間にあり」（福澤諭吉）という格言を紹介しています。このような子どもでも気づくようなあからさまな誘導も、子どもに書くという行為を踏ませ、あたかも自分が選択したもののように意識化させていく手法がとられています。

　これらの心理主義的手法は一種の心理操作として機能しているといえます。これは、思想・心情・良心の自由を侵すものであり、教育とはいえません。教育は、子ども自身の判断で、自らのこれらを育むように、働きかけることです。

●書き込みの是非

　『懇談会報告書』では「読み物」と「書き込み」をセットにした授業を提唱しており、書き込みの欄は、先行の『心のノート』より、記入箇所もスペースも多く、広くなっています。

　書くことは、一般には、自分の考えを深く見つめたり何が問題かなどはっきりさせたりするうえで有効な方法ですが、『私たちの道徳』では、ある特定の価値へ誘導し、その枠内で書かせています。書くという行為で、他者が説く価値を自分が選択したかのように思わせ、教化する役割を担っています。また、『私たちの道徳』には、保護者が記入する欄も設けられています。

　4冊の『私たちの道徳』では、いずれも最初のページに「『いまの自分』について書く欄」（7項目〜14項目）があり、人に見られたくないと思ったり、書く事を躊躇《ちゅうちょ》するような項目も明示されています。たとえば、「節度ある生活ができなかったことはありますか。そのときに、どのようなことを思ったかを書いてみましょう」（小学校5・6年、15ページ）、「一番楽しいこと」（中学校、5~7ページ)、「家族との出来事や語らいで印象に残ったことを書き留めておこう」(中学校、182ページ)などの項目があります。

そもそも、カウンセラーとクライアント(相談者)の信頼関係のもとで成立する内面を問う設問を、書き込みという手法で教育現場に導入する是非が問われなければなりません。書かない自由も認める必要があり、また、これを評価の対象にしてはならないことは言うまでもありません。

5　学問水準が反映されていない

『私たちの道徳』の記述は、現在の学問水準を反映していなかったり、曖昧なままにして、意識的に一つの価値へ誘導しています。現代の学問水準を踏まえない道徳教育は主観になりやすく、かたよった見解を押しつけることになります。

(1)権利と義務の扱い

『私たちの道徳』は、権利と義務について、「法やきまり」の項目で扱っています。小学校5・6年で、権利と義務について一般的な説明をし、憲法における基本的人権としての権利と義務を述べます(124~125ページ)。しかし、基本的人権の説明はなく、権利・義務の例もイラストで示しただけで、「仕事について働く」ことを、義務の例としてあげ、権利としてはとりあげていません。憲法では働くことは権利でもあり義務でもあるため、重大な過誤です。権利は、基本的人権に基づいて国家が国民に保障するもの、義務は、国民が国家運営のために行なうものであり、権利と義務はコインのように表裏一体です。

中学校では、「権利と義務って何だろう」と見出しをつけ、バランスのとれた天秤の写真を載せて、義務を果たさなかったり、権利と権利が衝突したとき、どのようなことが起きるかを考えさせています(137ページ)。しかし、人権について理解し、人権に基づく権利と義務があるということを理解させ、そのうえで判断させる説明はされていません。

(2)勤労・奉仕を同一視する労働観

働くことは「勤労の権利を有し、義務を負う」(憲法第17条)と(1)でも述べたように、勤労は権利であり義務でもあるのですが、『私たちの道徳』では義務としてのみとりあげ(小学校5・6年、125ページ、図⑥)、「勤労や奉仕を通して社会に貢献する」(中学校、172~

図⑥　勤労を義務としてしか教えない

法やきまりを守って

権利とは、義務とは何だろう

私たちは、一人一人が権利をもち、義務を果たしながら社会の中で共に生活しています。

権利　ある物事を、自分の意思によって自由に行ったり、他人に要求したりすることのできる資格や能力。

義務　人がそれぞれの立場に応じてしなければならないことやしてはならないこと。

だれかが一方的に自分の権利ばかりを主張《しゅちょう》して義務を果たさなかったり、一方的に義務だけをおし付けられたりするようなことがあったら、どうなるでしょうか。
私たちの生活や社会はうまくいくでしょうか。

権利や義務について、学んだことや考えたことをまとめてみましょう。

私たちはだれでも
より良い社会に生きる権利がある。
より良い社会をつくる義務がある。

124

日本国憲法《けんぽう》が定める国民の権利と義務

日本国憲法では、人が人として当然もっている権利で、生まれてから死ぬまで、すべての国民に保障《ほしょう》されている権利を「基本的人権」として尊重することを定めています。
また、同時に、国民が果たさなければならない義務についても定めています。

125

175ページ）ことだけが説かれています。

そもそも、勤労が権利・義務であるという相互関係は、働く能力をもっている者はその生活維持のために働く機会を得る権利があり、国家はその労働権を保障し、国民はその実現を通して義務を果たすことを意味します。ボランティア・奉仕活動は権利・義務の関係をともなうものではなく、自発的な社会的活動です。この二つは質的に異なるものですが、勤労と奉仕を社会に貢献するという括りで同一のものとして説明しています。正確な知識に基づいたうえで、社会貢献することの意味を考えさせる必要があります。

(3) 男女2区分論

「男女仲良く協力し助け合って」「たがいの良さを認めて学び合い」（小学校5・6年、75ページ）、「異性の特性や違いを受け止めた上で……」（中学校、66～67ページ）とあり、性差を固定的にとらえる視点が一貫してあります。一方、「でも、本当にそうだろうか？　それは全ての異性に言えること？」（中学校、67ページ）などという問いかけもあり、男女の固定的なイメージを払拭《ふっしょく》する投げかけをしていることは評価できます。

しかし、高学年にもなると、生き方として自分の性を考える時期ですが、性差を社会的・文化的・歴史的にとらえる視点がまったくありません。男女共同参画社会についても、その意味が説明されることもなく条文のみが書かれています。共同参画は英語ではequalityですが、性の「平等」とはどういうことなのかを考えさせてもいません。小学校5・6年には、「男子も女子も同じ一人の人間である……」（75ページ）というような時代錯誤的な文章もあります。

また、性は男女二つしかないという前提で語られ、性は多様であるという実態および学問の水準内容が反映されていません。２０１４年6月、文部科学省は、全国の学校に在籍する児童・生徒約１３００万人のなかで、性同一性障害のことを学校に相談した生徒が６０６人であることを公表しました。国内外の調査では約5％が性的マイノリティーとされ、自分の体の性、こころの性、好きになる性に関して悩みをもっている子どもが相当数いることが指摘されています。

子どもたちが性の多様性について学び、どのように自分や他者と向き合うかは、重要な道徳的課題です。子どもたちに性の多様性や、性と生き方が教えられていないために、本人が重い苦悩を抱えるばかりか、いじめの原因にもなっています。性を男女2区分論だけで語るのはもはや過去のことです。

(4) 家族・家庭のとりあげ方

『私たちの道徳』には、両親がいる家族が中心で、三世代家族も写真で登場しますが、一人親で奮闘している家族は登場しません。両親と思われる人物に囲まれて美味しそうにご飯を食べている笑顔の子どものイラスト（小学校1・2年、10～11ページ）、「家の人と話し合ったり、書きこんだりしてみましょう」（小学校3・4年、5ページ）、「家族に見守られて成長してきた私」「どんなときも私を信じてくれている」（小学校5・6年、１５６～１５７ページ、図⑦）、「深い愛情を注いでくれた」「疲れた自分を癒してくれる」（中学校、１８０～１８３ページ）といった内容と写真は、家族が親密な関係で結ばれて、衣食住も安定したある経済水準の家庭を一般的な家族像としてイメージさせています。

現実には、ワーキング・プアの世帯が増えており、朝ごはんを準備できない家庭や学校給食で栄養を補っている子どもが数多く存在します。文部科学省の調査（２０１２年）によれば、学用品代や給食費などを援助する「就学援助」の支給対象者の割合は、15・64％にの

図⑦　現実とかけ離れた家族像をスタンダードとして提示する

ぼるとされています。収入も十分でなく、ストレスを抱えていて、子どもを十分に養育できない親も大勢います。『私たちの道徳』が描く家族・家庭とはかけ離れた状況にいる子どもたちが、この家族像をスタンダードとして示されたときのとまどいは容易に想像できます。

先ほど紹介した「改訂の留意点」では、「家庭と連携し家庭でも活用できるもの」とその用途を強調していますが、現代日本の家族・家庭の現実をどのように認識しているのでしょうか。理想の家族を願っても実現できない現実があり、これまでと違う家族を選択する人、家族をもたないという選択をする人もいます。このような多様な家族・家庭のあり方を踏まえないとりあげ方はかたよっており、実態からもずれています。あまつさえ、国家が家族の形を決めて国民に押しつけるのは時代錯誤です。

(5)礼儀・伝統文化のとりあげ方

礼儀については4冊すべてでとりあげており、総じて、お互いが気持ちよく暮らすための敬意の表現であるという説明がされています。小学校3・4年生以上からは、日本の伝統文化のなかには、礼儀があるという前提で話が進みます。しかし、具体的に華道や茶道のどの部分に礼儀が込められているのか、子どもたちがわかるような説明はありません。「礼に始まって、礼に終わる」という柔道についても写真はありますが（小学校5・6年、57ページ）、礼の意味についても説明や考えさせる手だてはありません。外国における礼儀・マナーも、その国ではなぜそうするのかといった記述や考えさせる手だては何もなく、「相手の立場を考えて接することが大切」（中学校、50ページ）とあるのみで、礼儀の中身について、客観的・知的な説明を欠いています。

一方「江戸しぐさ」については、「江戸しぐさに学ぼう」というタイトルで7つの例をあげ、さらにこれが生まれた背景についても計2ページをさいて記述しています(小学校5・6年、58〜59ページ)。「かさかしげ」や「こぶしうかせ」など現代にも通用するものがあり、江戸しぐさに学ぼうということに疑問を感じない人も多いようです。しかし、「江戸しぐさ」というネーミング、並びに、数百もある江戸しぐさが江戸時代に本当に存在していたか、その変遷過程などについては、歴史研究において学問的共通理解を得ているものではなく、江戸しぐさの推奨については批判も多くあります。

教科書としてとりあげる本文の内容は、あくまでも、学問の世界で共通理解を得ている客観的な知識内容でなければなりません。それでもなお、著者がとりあげたいという場合には、両論併記、または、情報提供という程度で載せるのが教科書作成の常識です。一部の主張をそのままもってきて子どもたちに行動をうながすのは非学問的であり、中立でなく、教科書の内容として適正を欠いています。

6 「生命への権利」「平和」の記述がない

(1) 「限りある生命」

生命尊重の項目は、低・中学年では自分が生きていることを感覚的につかまえさせようとし(小学校1・2年、90〜93ページ、図⑧／小学校3・4年、90〜93ページ)、小学校5・6年では「この世に生を受けたものは、いつかは死をむかえます。……生まれてすぐなくなる人もいれば、病気や事故でなくなってしまう人もいます。また、百年以上生きる人もいます」（101ページ）と説き、中学校では、生命の「偶然性」「有限性」「連続性」（計4ページ）を記述の後、「……私たちの世代でも、毎年、かけがえのない生命が失われている。……奇跡のように偶然が重なって自分に生命が与えられたことや、そ

図⑧　「生命尊重」に「生存する権利」の視点が欠けている

の生命にもいつか終わりがあることを考え、私たちは、どのように自他の生命を尊重していけばよいのだろう」（105ページ）と問題を投げかけています。

生命尊重の「読み物」として「おはかまいり」（小学校1・2年、94～95ページ）、「命あるかぎり生きる」（詩）、「ヒキガエルとロバ」（小学校3・4年、94～99ページ）、「その思いを受けついで」「かけがえのない命――命てんでんこ」（小学校5・6年、104～109ページ）、「キミばあちゃんの椿」（中学校、108～113ページ）などが掲載されています。

ここで主張されているように「限りある一つの命」だから尊重しよう、限りある命だから精一杯生きようという生命観もあり得ますが、「生命の尊重」は「生命の権利」としてとらえることによって実体化します。世界人権宣言（1948年）は、「すべて人は、生命、自由及び身体の安全に対する権利を有する」（第3条）日本国憲法は、「平和のうちに生存する権利を有することを確認する」（前文）「すべて国民は、個人として尊重される。生命、自由及び幸福追求に対する国民の権利については、公共の福祉に反しない限り、立法その他の国政の上で、最大の尊重を必要とする」（第13条）と規定しています。

これらは、現在、国際社会が認める価値であり、何人も遵守すべき価値です。いじめによる自死、児童虐待による乳幼児の死亡、紛争でたくさんの命がうばわれている現実を、子どもは十分に知っています。「精一杯生きよう」というメッセージを説くだけでは、子どもに生命の尊さを考えさせることにはなりません。

このように『私たちの道徳』における「生命の尊重」は、「生存する権利」という視点を欠いたもので、現実に照らしてもかたよりがあり、国際的な通念からも遠いものです(ただ1カ所、福沢諭吉の家訓「ひびのおしえ」(小学校5・6年、130ページ)のなかに、「ひとをころすべからず」が記述されていますが、ここでは家の決まりという例示であり、生命の権利を説明しているわけではありません)。

(2)「平和」をとりあげていない

『心のノート』では、中学校版の大項目のタイトルに「世界の平和と人類の幸福を考える」がありましたが、『私たちの道徳』では、どの学年にも「平和」のタイトルがなく、考え・学ぶ項目としてとりあげられていません。

「中学生のみなさんへ」という緒方貞子氏の文章(219ページ)、千玄室氏の「一盌《いちわん》に平和へのいのりを」(小学校5・6年、178ページ)という文章、中学校のタイトル「日本人の自覚をもち世界に貢献する」のリード文「……世界の平和と人類の幸福の実現に向けて、私たちはこれから何を考え、何をすればよいのだろうか」(214ページ)という文章などにかすかに平和への言及がされているだけです。いずれの文章も何の解説もなく、平和を守り実現していく価値についての説明も、考えさせる手だてもありません。

現在の学習指導要領では、「平和は、人間の心の内に確立すべき道徳的課題でもある。……民主的で平和的な社会及び国家を実現する根本である」と記述しています。ユネスコの学習権宣言(89年)は、「……もし、わたしたちが戦争を避けようとするなら、平和に生きることを学び、お互いに理解し合うことを学ばねばならない」と述べています。平和は何人も否定しない道徳的価値ですが、『私たちの道徳』は平和の課題にほとんど触れないという著しいかたよりがあります。

7 「愛国心」に到達させる心理操作

ここでは、学習指導要領の④、主として集団や社会とのかかわりに関することの箇所について述べます。

(1)集団のいい面だけを見させる

物事を見るには正負・長短の両面から見ることが重要ですが、家庭・学校・ふるさと・日本の伝統文化・日本の国のいい面のみを記述し、マイナス面は見せようともしていません。客観的に見る目をうばう非教育的な働きかけが行なわれており、子どもの判断力を期待していない、そもそも重視しない視点に貫かれています。

(2)「みんな」「できることはなんですか」の問いかけ

「みんな」という言葉が多用されています。「みんなでつくる楽しい学級」「みんなで取り組む」「みんなで八の字のなわとび」など10ページで17回出てきます（小学校3・4年、148〜157ページ）。

また、「みんな」の後に、家族、学級が集団として登場し、「家族のために、がんばりたいことはどのようなことですか」（小学校3・4年、141ページ）、「楽しい学級にするためにみんなで取り組んでいることがありますか」（小学校3・4年、150ページ）、「大切な家族のために私は何ができるのだろう」（小学校5・6年、156ページ）などと続きます。集団に尽くすことの重要性に焦点を当てて書かせ、話し合わせています。

(3)日本の自然・伝統文化の写真によるイメージ操作

和服・和食・和室（小学校3・4年、158〜167ページ）、富士山など日本の風景、季節の行事、暮らしの風情、おはやし、歌舞伎・能などの芸能、工芸、法隆寺やスカイツリーの建築、スーパーコンピュータなどの技術、書道などの「道」（小学校5・6年、164〜169ページ）、日本の四季・MANGA（中学校、206〜211ページ）など、自然や伝統文化の写真を満載しています。ただし、沖縄、アイヌ文化（ユネスコの無形文化遺産にも登録されている）などには触れず、いわゆる「本土」文化にかたよっています。

他に、小泉八雲の紹介（小学校3・4年、168ページ）や、「剣道」に関する文章（小学校5・6年、170ページ）、学習指導要領で言及されている礼儀も伝統文化という視点から、「日本の文化の中にある礼ぎ」（「茶道」）（小学校3・4年、60〜61ページ）、「伝とうと文化を大切に」（小学校3・4年、164〜165ページ、図⑨）、「礼儀とは真心の表れ」「江戸しぐさに学ぼう」（小学校5・6年、56〜59ページ）、「日本の伝統に息づく礼儀」（中学校、48〜51ページ）などがとりあげられ、そのすべてを写真で印象づけています。これにあてたペー

図⑨　写真によって日本の伝統文化を感情と心情でとらえさせる

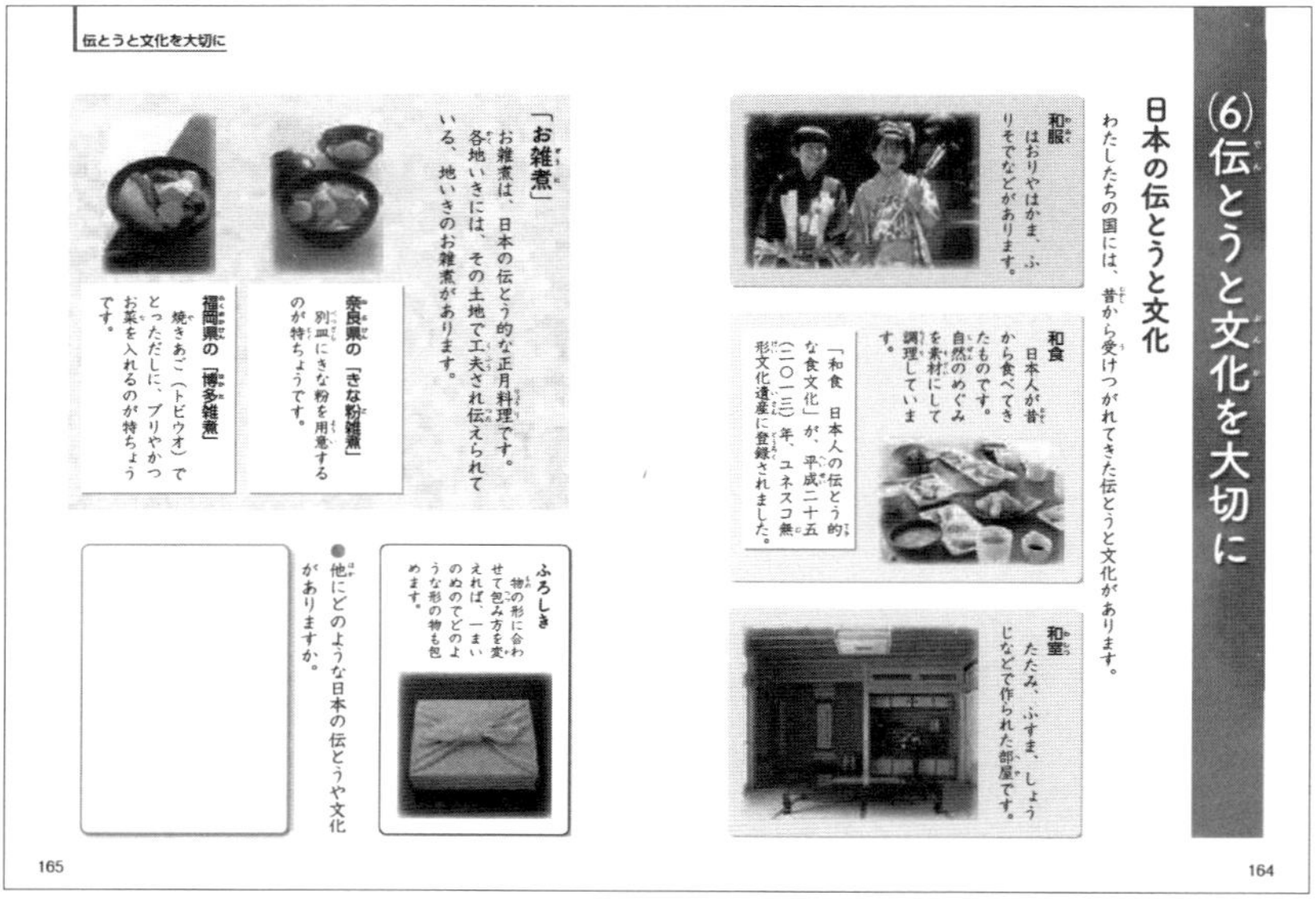
(6)伝とうと文化を大切に

日本の伝とうと文化

わたしたちの国には、昔から受けつがれてきた伝とうと文化があります。

和服
はおりやはかま、ふりそでなどがあります。

和食
日本人が昔から食べてきたものです。自然のめぐみを素材にして調理しています。

「和食　日本人の伝とう的な食文化」が、平成二十五(二〇一三)年、ユネスコ無形文化遺産に登録されました。

和室
たたみ、ふすま、しょうじなどで作られた部屋です。

164

伝とうと文化を大切に

「お雑煮」
お雑煮は、日本の伝とう的な正月料理です。各地いきには、その土地で工夫され伝えられている、地いきのお雑煮があります。

奈良県の「きな粉雑煮」
別皿にきな粉を用意するのが特ちょうです。

福岡県の「博多雑煮」
焼きあご（トビウオ）でとっただしに、ブリやかつお菜を入れるのが特ちょうです。

ふろしき
物の形に合わせて包み方を変えれば、一まいのぬのでどのような形の物も包めます。

●他にどのような日本の伝とうや文化がありますか。

165

ジ数は相当な量となっています。ここでも日本の伝統文化のよさを、感覚・心情で感じさせる心理主義の手法が応用されています。このような内容構成は、『懇談会報告書』が、グローバル社会のなかでのわが国のアイデンティティとして伝統文化をとりあつかうよう提言したことにあると思われます。

しかし、この日本の伝統文化のよさを知的に理解する手だてはほとんどとられていません。たとえば、和食が無形文化遺産になったことは書いてあってもどのような理由で評価されたのかは説明されていません（小学校3・4年、164ページ）。ここにも心理主義があります。

(4)「わたし」「私たち」ではじまる決意表明

家庭・ふるさと・日本・日本人としての自覚などの項目は、一人称で決意を述べる文章が他のページとくらべてことのほか、多くなります。「どんなときも私を信じてくれている。どこにいても私の心を支えてくれる。私の家族」（小学校5・6年、156ページ）、「先輩たちから伝わってきたことがある。私たちはそれを受けつぎ、もっと良いものにして後輩たちにも伝える」（小学校5・6年、163ページ）、「この国を背負って立つのは私たち。私たちの住むふるさとには、伝統や文化が脈々と受けつがれている。それらを守り育てる使命が私たちにはある。そのための力を今、私たちは養っているだろうか」(小学校5・6年、164ページ)、「ふるさとを愛する気持ちを広げていくと、私たちが暮らすこの国を愛し、その発展を願う気持ちにつながっていく」(中学校、209ページ)、「世界の中の日本人としての自覚をもち、世界の平和と人類の幸福の実現に向けて、私たちはこれから何を考え、何をすればよいのだろうか」(中学校、214ページ)などです。

「私」からはじまる文章は、読み手が親近感を覚え、感覚的に受け入れやすい心理をつくり出します。実際は、他者が語る「私」なのですが、何度も何度も「私」が語られるうちに、次第にそれに同化していく効果があります。心理主義の手法がここでも使われています。

(5)国際社会に貢献する日本人の写真

海外・途上国で働く日本人の写真、世界が抱える問題を示す写真など、ほとんどが写真で構成され、心情的・感覚的に日本人の海外での貢献を好意的に感じるような紙面構成になっています。

これら(1)~(5)の紙面構成は事実を客観的に見て判断させるのではなく、美しい・すぐれている・守りたいなどと感覚的・心情的に思い込ませる効果をねらっています。

8 「いじめ問題」のとりあげられ方

道徳の教科化は、いじめ問題にことよせて提言されましたが、いじめの様相は各国で違っていても、先進国に共通に見られる現象です。道徳教育を導入し、道徳を教科にして道徳教育を強化すれば道徳心が向上し、いじめ問題を解決できるかのようにとらえるのはあまりに短絡的と言わざるを得ません。

(1)「正義・公正・公平」の項目でのとりあげ方

「なぜ、かたよった見方や接し方をしてしまうのだろうか」(小学校5・6年、134ページ)の項目で、音楽家の千住明の「いじめている君へ」と題する文章(自分が中学生のときはいじめる側、いじめられる側どちらにもいたこと、その真ん中にいる何人かが強い気持ちをもてば、いじめを食い止める力になるという内容)を読ませて、感想を聞いています(135ページ)。

中学校では、いじめの問題を「正義を重んじ公正・公平な社会を」(160~165ページ、図⑩)と、巻末の「あなたの身近にいじめはありますか」(230~237ページ)でとりあげています。前段の「正義」の

図⑩　正義や公正をとりあげても「なぜいけないのか」「なにがいけないのか」を考えさせない

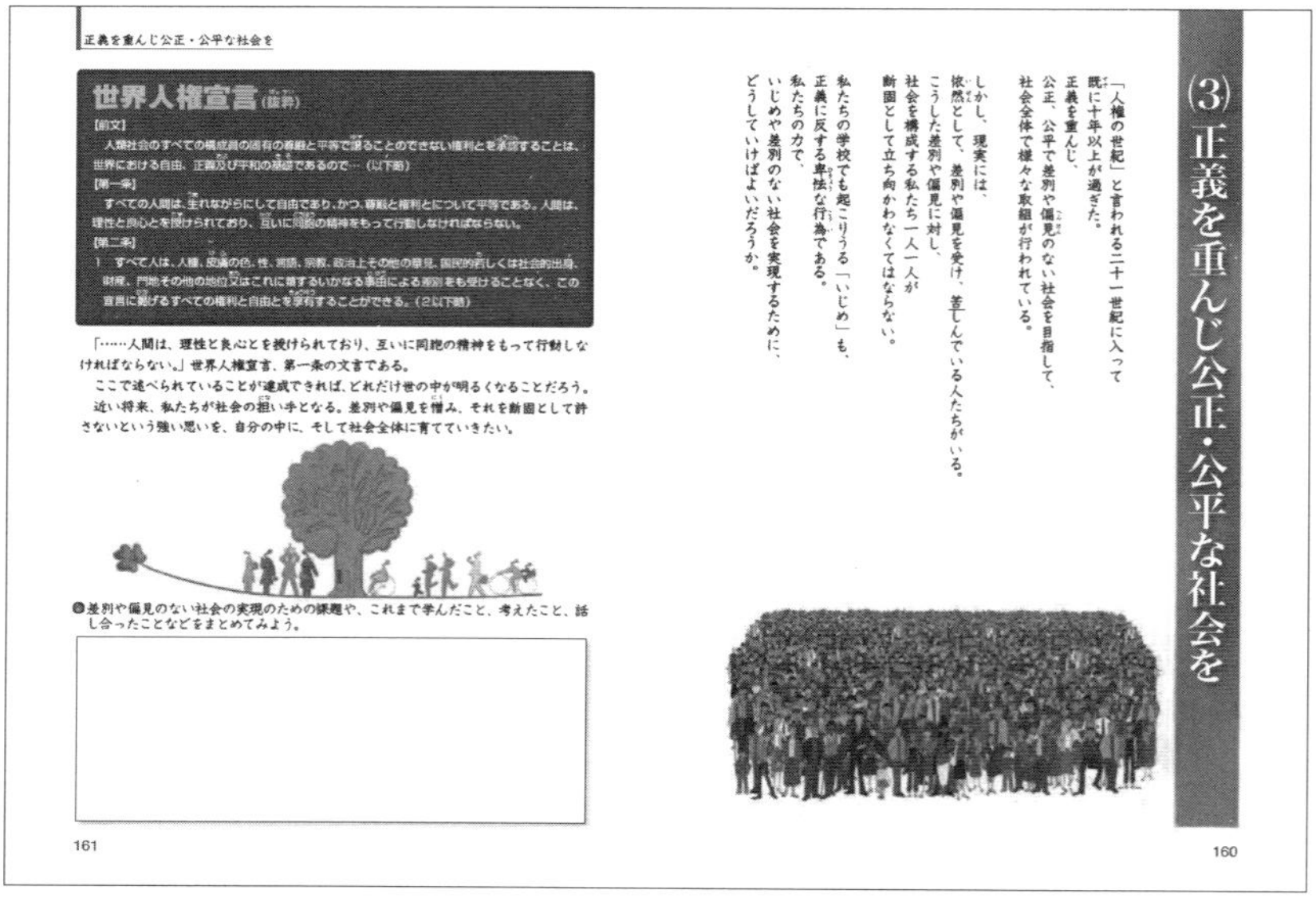
(3) 正義を重んじ公正・公平な社会を

「人権の世紀」と言われる二十一世紀に入って
既に十年以上が過ぎた。
正義を重んじ、
公正、公平で差別や偏見のない社会を目指して、
社会全体で様々な取組が行われている。

しかし、現実には、
依然として、差別や偏見を受け、苦しんでいる人たちがいる。
こうした差別や偏見に対し、
社会を構成する私たち一人一人が
断固として立ち向かわなくてはならない。

私たちの学校でも起こりうる「いじめ」も、
正義に反する卑怯な行為である。
私たちの力で、
いじめや差別のない社会を実現するために、
どうしていけばよいだろうか。

160

正義を重んじ公正・公平な社会を

世界人権宣言（抜粋）

【前文】
人類社会のすべての構成員の固有の尊厳と平等で譲ることのできない権利とを承認することは、世界における自由、正義及び平和の基礎であるので…（以下略）

【第一条】
すべての人間は、生れながらにして自由であり、かつ、尊厳と権利とについて平等である。人間は、理性と良心とを授けられており、互いに同胞の精神をもって行動しなければならない。

【第二条】
1　すべて人は、人種、皮膚の色、性、言語、宗教、政治上その他の意見、国民的若しくは社会的出身、財産、門地その他の地位又はこれに類するいかなる事由による差別をも受けることなく、この宣言に掲げるすべての権利と自由とを享有することができる。（2以下略）

「……人間は、理性と良心とを授けられており、互いに同胞の精神をもって行動しなければならない。」世界人権宣言、第一条の文言である。
ここで述べられていることが達成できれば、どれだけ世の中が明るくなることだろう。
近い将来、私たちが社会の担い手となる。差別や偏見を憎み、それを断固として許さないという強い思いを、自分の中に、そして社会全体に育てていきたい。

●差別や偏見のない社会の実現のための課題や、これまで学んだこと、考えたこと、話し合ったことなどをまとめてみよう。

161

項目では、『「いじめ」も、正義に反する卑怯な行為である」と述べ、世界人権宣言（抜粋）、東京都中学校生徒会長サミット（07年）の『いじめ撲滅宣言』などが掲載され、「悪い事をやめさせることがなかなかできないのは、なぜだろう」「いじめを解決するために一人一人に何ができるか」を話し合ってみようと課題を提示して、記入欄を設けています。

巻末では、一戸冬彦の『卒業文集最後の二行』（ある女生徒を1年間いじめ続けた著者が、卒業文集に載った彼女の文章の最後の2行を読んで、はじめて自分の罪深さを知り、社会人になって30余年経たいまもその罪業を思い出し苦しんでいるという内容）を載せ、感想を書かせています。その感想の事例が6例紹介されています。

しかし、なぜいじめはいけないのかという点を、子どもたちに考えさせようとはしていません。いじめは「公正・公平でない」「正義に反する、卑怯な行為」と断罪して、説明するまでもない自明の道徳律のように書いています。では、正義とは何か、公正・公平とは何かについて、説明したり考えさせたりしているかといえば、それもありません。『私たちの道徳』は、〝悪い事だからやめよう〟だけを基調に〝あなたもやめさせることができる〟〝勇気をもって注意してやめさせよう〟というメッセージに終始しています。

こうした「心のもち方」を説く「いじめ対策」は、1980年代以降、教師・保護者などによってもとりくまれてきましたが、根本的な解決にならないことが明らかになっています。『卒業文集最後の二行』の感想の事例は、子どもたちの思索を深める手がかりにはなりますが、とりあげている生徒たちの感想もやや表面的で、いじめの根源に目を向かせ、その解決に迫る教材となり得るか疑問です。

(2)ネット問題といじめ

「話し合ってみよう——インターネットをどのように使えばよいのだろう」（小学校5・6年、186〜187ページ）と呼びかけた、そのおなじページで、太文字で「節度をもって」「自分でよく考えて」「相手の気持ちを考えて」などと特記しています。答えがあからさまに誘導されていて子どもたちが話し合う意欲をなくすこと必至です。

中学校では、「情報社会を生きる一人として絶対にしてはいけないこと」を太文字でタイトルにし、ネット社会では、「誰もが容易に加害者にも被害者にもなり得る」「相手の顔が見えないために、いじめの悪質さは一層エスカレートしていく傾向にあると言われる」「法やきまりを守って適正な使い方をしよう」などと記しています（中学校、228〜229ページ）。

ここでも子どもに考えさせることをしないで、あらかじめあるべき規範的行動を指示しています。さまざまな情報機器の登場は、これまでの社会が経験してこなかったことであり、高度技術情報社会の光と影の問題にどう向き合っていくのか、将来を背負う子どもたち自身が自分のこととして考える課題です。編者にはコンピュータ社会に対する教育のあり方への理解が欠けていると考えざるを得ません。

(3)いじめは人権侵害

いじめの様相を具体的に知ると、その残酷な行為に身が震える思いをすることがあります。いじめは、「正義・公正・公平」に反する行為であるという表面的なとらえ方ではなく、いじめられている子どもに対する人権侵害の行為としてとらえる必要があります（法務省人権擁護連合会、2012年）。文部科学省『人権教育の推進に関する取組状況の調査結果について』（13年）でも、「…このような諸問題は本質において子どもの人権を侵犯する事象に他ならないこと」と強調しています。

『私たちの道徳』で紹介している『いじめ撲滅宣言』(中学校、165ページ)には、「すべての生徒は、『楽しい学校生活を送る』権利を持っています。『いじめ』は、この権利を奪うものです」とありますが、人権侵害とは、〝楽しく学校生活を送る権利〟に矮小化されるものではなく、その人の尊厳や存在自身をも否定することにつながる、基本的人権の侵害であると受け止める理解が子どもたちに必要です。

総じて『私たちの道徳』は、人権・権利についての内容が非常に希薄です。先ほど紹介した「正義を重んじ公正・公平な社会を」(28ページ参照)でも、世界人権宣言の前文と第1条を記述していますが、これを説明する文章では、自由・平等・尊厳・権利にはまったく触れずに、「『……人間は、理性と良心とを授けられており、互いに同胞の精神をもって行動しなければならない』世界人権宣言、第一条の文言である。ここで述べられていることが達成できれば、どれだけ世の中が明るくなることだろう」と、他人ごとのように説明しています。

(4)子どもたち自身がいじめの解決にとりくむには

では、子どもたち自身が、いじめにとりくむ力はどのようなプロセスで育てられるのでしょうか。少なくとも「人を傷つけてはいけない」「きまりだから守れ」と説くことではありません。いじめをしたとき、されたときの経験や気持ちを踏まえながら、人権尊重と人権を侵害してはならないことへの理解ができるような教育プロセスを設定することが基本になります。その際、子どもの世界の現実を十分に知ったうえで、いじめを解決する教育にとりくむことの重要性は言うまでもありません。

船橋一男埼玉大学教授は、子どもたちの生活世界は、支配と抑圧、対立と抗争、交渉・調整・合意形成などきわめて政治的な事柄に彩られていることを指摘し、妬みや侮辱、足の引っ張り合い、陰口や噂ばなしと流されるような力と網の目のなかで子どもは生きていることを指摘します。そのうえで、子どもたちに本当に必要なものは、「子どもたち自身の生活に根差して形づくられていく正義や公正さの追求であり、またそのために、可能な限り、共存・共生の生活領域をつくり出そうとする『交わり・渉り合う技法』ではないか」と提言しています(岩川直樹・船橋一男『「心のノート」の方へは行かない』寺子屋新書、2004年)。

それには子どもたち自身がさまざまな問題を見つけ、

ともに原因や解決策を考え、改善し、授業でも教え合う関係をつくり出していかなければなりません。場合によっては保護者も一緒に自治的なとりくみをするなど、問題を解決する力を育むプロセスの存在が必要です。その際、自己肯定・他者肯定・意見表明・人権尊重・共生・自治といった、現代社会が求める新しい道徳的価値が求められます。

9　道徳は教科になり得るか

(1) 教科の成立条件を満たしているか

ここまで、『私たちの道徳』の内容を項目ごとに検討してきましたが、私たちがいちばん問題にしなければならないのは、道徳が教科として成立する条件を備えているのかどうかという根本的問題です。教科の成立条件は、教科が何人も認める客観的な学問・文化・科学（知識・技術）を基礎にしているという点です。『懇談会報告書』では、最小限「系統的に組織された文化内容を教授する」ということを教科の成立要件にしているようですが、系統的云々以前に、肝心なことは、その道徳の「文化内容」が何人も認める客観的・公正・公平な質を保有するものであるかどうかという点です。『私たちの道徳』は「とりあげる道徳的価値のかたより」「学問的知識を踏まえない内容の不公正さ」「心理的手法の導入」など、教科としての要件を満たしているとはいえません。

道徳の教科化を推進しようとする人たちは、「道徳」はすべての人が容認し得る価値であるかのように主張しますが、これは「道徳教育」でとりあげる具体的な内容・価値を不問にした場合にのみ成立する見解です。

1950年代、特設道徳の問題が起きたときの日本教育学会の声明「……道徳は社会観、人間観にかかわるイデオロギー性をもつ事柄であり、政党政治が恣意《しい》的に方向づけた統制を企てることは、それ自体教育の中立性をおかすものである……」という批判をあらためて思い起こす必要があります。

戦後一貫して、道徳教育の強化をもち出してきたのは常に国家の側です。道徳に関してさまざまな見解をもつ識者や市民の代表をバランスよく配置した委員会などで検討するという制度が設けられれば、そこで合意を得た項目を基に道徳教育を形づくっていく方法もあり得ますが、いま、進められている道徳教育の内容も体制も中立なものではありません。かたよりがあるものを、教科にしてはなりません。

(2) 人間の道徳性を評価していいか

●本音と建前の使い分けを教えてはならない

『私たちの道徳』は「これがいいよ」「あれもしなさい」の連続です。しかも偉人、有名人が登場してそれを正当化するのですから、子どもたちは、はじめは、そのとおり！　と思い込みます。しかし、道徳教育を受けてきた若者がよく口にするように、やがて、現実の自分や自分たちの暮らしとの違いに気づき、多くの子どもたちがそれまでも感じていた、うさんくささと息苦しさを、より鮮明に感じるようになります。

とくに、『私たちの道徳』は、書き込み方式を採用しており、その内容に評価が行なわれることになれば、本音と建前を使い分けるようになることは必至です。子どもたちに理不尽なことを強いることはしてはなりません。

●教師を苦しめる内面の評価

１９９１年から観点別評価として関心・意欲・態度・創意工夫など、子どもの内面の評価が導入されました。学習指導要領の内容に従って、評価基準というものさしをつくることが奨励されたものの、そのような内面を評価するような基準はつくりようがありませんでした。当初は、忘れ物がない、授業中に挙手するなどの外から見える項目をあげてチェックすることも行なわれました。また、そのようにして評価した関心・意欲・態度がよくても、各教科の知識や技術など外から見える学力の評定（評価を数字など、ものさしであらわしたもの）がよくない場合もあり、教師たちは、これらの矛盾に悩み続けています。

道徳の場合、文章評価をする際でも、ＡＢＣの３段階評定であっても、教師の主観に大きく左右されます。道徳の教科化を提唱する人たちのあいだでは、「道徳的行動」という言葉も使用されていますので、外にあらわれた行動で評価・評定することが提案されるかもしれません。事実、中央教育審議会の答申は、そのように提案しています。そうなると、道徳教育は、外にあらわれた行動・態度で評価を下す、管理主義教育へとますます変化していくことになります。

教師の主観による評価・評定はあらためて評価・評定しなくても、日常の教育活動における子どもへの〝言葉かけ〟としてあります。さらに、教師と、子どもと保護者とのあいだに強い信頼関係が存在していれば許される面もないわけではありませんが、そのためには、子どもと保護者との信頼関係をつくり出す、教師を拘束しない時間の余裕が教師に保障されなければ不可能です。

2014年6月、OECDは、参加国34カ国の「国際教員指導環境調査（2013年）」結果を発表しましたが、日本の教員の勤務時間は34カ国最長で平均の1・4倍、「指導（授業）に使った時間」は国際平均よりかえって短いにもかかわらず部活動などの指導は平均の3倍以上、書類づくりなど一般的事務作業は2倍以上という、日本の教師の多忙化を浮き彫りにするものでした。

●だれにも人格・生き方を評価する権限はない

道徳性は、人格・生き方にかかわる事柄であり、他者がそれについて評価することは許されることではなく、また、評価することも不可能な事柄であることを、教育する側は、十分に認識すべきです。道徳の評価は、その子の存在、生きることそれ自体に影響を与えるものであり、教育する側が踏み込んではならないものです。もし、「評価なしに教育はあり得ない」という理屈をもち出すのであれば、それは、人や物事に対して「謙虚」という道徳的価値をもたない人の見解と思われます。

10　自己肯定感をこれ以上低めてはならない

『私たちの道徳』は、人物主義教育や心理主義の手法を用いて、「短所を改め、長所をのばして」（小学校5・6年、50ページ）、「丸ごと自分を好きになる」と言いつつ、「自分の良い所には更に磨きをかけ、十分ではない所は改善していきたい。そういう心掛けが、あなたの個性を伸ばしていく」（中学校、41ページ）と至るところで努力を説き、努力をしない人は価値がないかのような印象を与え続けます。

しかし、努力してもそのようにならないことは多々あり、それまで多少なりとももっていた自信や自己肯定観・自尊感情に影を落とすようなマイナスの事態を引き起こすことが危惧されます。自己肯定観の低下は、自分を萎縮させ、他者に異議申立てをする力を萎えさせます。抱え込んだストレスを問題行動としてあらわしたり、自ら将来への希望の芽を摘んだりします。

こうした感情は、支配されているとは思わない従順さとしてあらわれる一方で、権力者に自分の希望を託す心理へとつながります。これこそが、政府による道徳教育のねらいだといっても過言ではありません。

学校現場からの提言

子どもを追いつめる道徳の教科化

小佐野正樹（科学教育研究協議会元委員長）

1「学校で　家で　地いきで　いつでもどこでも」

2014年4月、『私たちの道徳』が全国の小中学校に配られました。小学校1・2年を開くと、はじめに「この本のつかい方」の説明があり、「学校で　家で　地いきで」「いつでも、どこでも、何度でも、ひらいてみよう」とあります。随所に「家の人」がチェックしたり言葉を記入する欄が設けられ、学校だけでなく、家庭や地域も巻き込んで、これを使った「道徳教育」ができる仕掛になっています。

下村文科相が「学校に置きっ放しにさせている学校がある」「子どもが持ち帰っているか調べて、文部科学省として指導したい」と発言（14年5月）し、「使用を強制するもの」と批判されましたが、その発言の背景はここにあります。

2「自己ふりかえり誘導型手法」

たとえば、「よいと思うことはすすんで」の項目の構成はつぎのようになっています。

①「いいと思ったことは　どんな小さなことでもするがいい」という武者小路実篤の格言。

②授業中勝手におしゃべりしている場面、道にごみが落ちている場面、塀にいたずら書きしている場面などのイラストの傍に、「このようなときは、どうすればよいでしょうか。みんなで話し合いましょう」。

③「あなたができたよいと思うこと」「よいと思うことができたときの気もち」を書く。

④読み物――ぽんたが友だちのかんたに裏山に誘われ、迷ったあげくに「ぼくは、行かないよ。だって、あぶないから」と言うと、かんたも「ぼくも行かない」と言って、わらってうなずいたという話。

⑤「してはならないことがあるよ」の例として、「うそをついてはいけません」「人のものをとってはいけません」「いじわるをしてはいけません」「人のものをかくしてはいけません」の規範を示す。

このように、①格言や模範例を示す、②具体例を示す、③気持ちを書かせる、④「コラム」や「読み物」を読ませる、

⑤規範を示して、そこに子どもを誘導するというパターン（私はこれを「自己ふりかえり誘導型手法」と名づけましたが）が採用されています。各項目でこの手法がくり返され、「自分でやることはしっかりと」「温かい心で親切に」「ふるさとに親しみをもって」などを子どもたちに注入していきます。

生活科は型にはまった「しつけ」と価値観を教える

3 『私たちの道徳』に酷似した生活科

この本のなかには、頻繁に「ありがとう」や「みんなのためにやらなければならないこと」という言葉が登場します。「ありがとうカードを作る」「お母さんへ いつもごはんの用意をしてくれて、ありがとう」「みんなのためにしごとをして、まわりにえがおをふやしていきましょう」「お年よりには、どのようなことをするとよろこばれるでしょう」といった具合です。

こうした言葉をくり返すことによって、自己抑制や自己責任を美徳とする「道徳心」を子どもたちに刷り込んでいこうとしているように読み取れます。

ところで、『私たちの道徳』を読み進めていくと、生活科の教科書に大変酷似していることに気づきました。

生活科の教科書にも、「ありがとうで教室をいっぱいにしよう」「おかあさんへ いつもやさしくしてくれて ありがとう」「かぞくにこにこ大さくせんをしよう」「かぞくがよろこんでくれることはなにかな」といった言葉がつぎつぎと並んでいます（上写真）。生活科の学習指導要領に、「これまでの生活や成長を支えてくれた人々に感謝の気持ちをもつ」という一節があるからです。

なかには、「きょう、わたしのあさがおがさきました。さいてくれてありがとう」「はたけさんがよろこんでくれるように、石や草やビニールをひろいました。これから、はたけさんともっともっとなかよくなりたいです」などというのもあります。これも学習指導要領の「生き物への親しみをもち、大切にすることができるようにする」という文言に対応した内容です。

また、『私たちの道徳』にある「早ね 早おき 朝ごはん」や「あいさつ」「言葉づかい」「せいりせいとん」「やくそくやきまりをまもって」もそのまま生活科の教科書に登場します。道徳だけでなく、生活のすみずみまで型にはまった「しつけ」を生活科でも教えられるというしくみになっています。

4 生活科にひそむ「道徳」

生活科は、1989年に小学校低学年の理科・社会科を廃止して、新たに設置された教科です。この教科を新設する理由として、「小学校低学年の教育に関する調査研究協力者会議の審議のまとめ」（86年）は、「低学年においては、生活上必要な基本的な習慣の育成や、道徳的な心情を陶冶《とうや》する指導を一層重視する」と述べています。いわば、今日の「道徳の教科化」の先駆けとして誕生したのが、この教科でした。

発足当初、「アリの行列を観察して、自分たちの道の歩き方を反省する」とか「ひまわりを自分の子どもとして育て、誕生パーティーをする」といった荒唐無稽な授業が文科省の研究校などを通して全国に広がり、あまりの非科学的な内容に批判の声があがり、そうした授業がだんだん影をひそめていったものでした。

それが、「すべての教科・領域で道徳教育を」と声高に叫ばれる昨今の状況を背景に、生活と道徳の一体の主張がふたたび息を吹き返してきたことが、生活科の教科書と『私たちの道徳』とが酷似している現象となってあらわれているといってよいでしょう。

生活科は小学校1・2年に設置された教科ですから、低学年を担任しない限り教師でも生活科の教科書を読むという機会はめったになく、教育関係者のあいだでも話題に上ることが少ないのですが、小学校低学年の時期に、こうした教育が行なわれようとしている問題にもっと警鐘を鳴らす必要があります。

希望に胸膨らませて小学校に入ってきた幼い子どもたちが、道徳の時間でも「ありがとう」「なにができるかな」と言わされ考えさせられる授業を受け、生活科の時間でも「ありがとう」「わたしがやらなければならないこと」という授業を受け、どんなに息苦しい学校生活を送ることになるのかと思うと、この問題の深刻さを考えざるを得ません。

5 「感動する心を育てる」とは

『私たちの道徳』小学校5・6年の「大いなるものを感じて」のページ（左ページ写真）には、つぎのような一節があります。

「人間の力をこえた神秘的な世界に向き合ったとき、大いなる自然の美しさや偉大さを感じる。そしてそれらに感動する人間の心のすばらしさをかみしめる」

子どもたちが「人間と自然や動植物との共存の在り方を積極的に考え、自分にできる範囲で自然環境をよくしようとする態度をはぐくむようにする」（『小学校学習指導要領解説道徳編』文科省、東洋館出版社、2008年）ことは、だれしも異存はありません。問題は、そうした「態度」をどのようにして育てていくかです。

『私たちの道徳』のように、「大いなる自然の美しさや偉大さ」「感動する人間の心のすばらしさ」という言葉だけを何遍くり返して子どもたちの「心」に刷り込もうとしても、実現するものではありません。子どもたちが自然の具体的な事実を丹念に追究することをくり返しくり返し学習し、そのことを通して、はじめてそれぞれの「心」が育ち、その結果として子どもたち自身が行動化していくものです。

5年生の子どもたちと、ヒトの身体についての学習をしたとき、一人の子どもはつぎのように書きました。

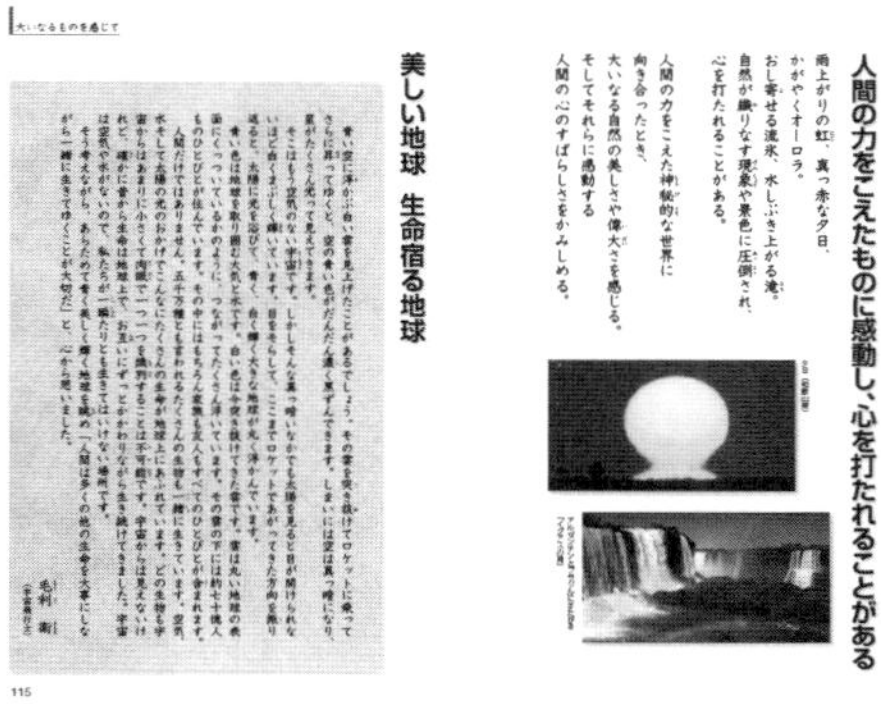
大いなるものを感じて

(3) 大いなるものを感じて

人間の力をこえたものに感動し、心を打たれることがある

雨上がりの虹、真っ赤な夕日、
かがやくオーロラ。
おし寄せる流氷、水しぶき上がる滝。
自然が織りなす現象や景色に圧倒され、
心を打たれることがある。

人間の力をこえた神秘的な世界に
向き合ったとき、
大いなる自然の美しさや偉大さを感じる。
そしてそれらに感動する
人間の心のすばらしさをかみしめる。

114

美しい地球　生命宿る地球

青い空に浮かぶ白い雲を見上げたことがあるでしょう。その雲を突き抜けてロケットに乗ってさらに昇ってゆくと、空の青い色がだんだん濃く黒ずんできます。しまいには空は真っ暗になり、星がたくさん光って見えてきます。

そこはもう空気のない宇宙です。しかしそんな真っ暗ななかでも太陽を見ると目が開けられないほどまぶしく輝いています。目をそらして、ここまでロケットであがってきた方向を振り返ると、太陽に光を浴びて、青く、白く輝く大きな地球が丸く浮かんでいます。

青い色は地球を取り囲む大気と水です。白い色は今突き抜けてきた雲です。雲は丸い地球の表面にくっついているかのように、つながってたくさん浮いています。その雲の下には約七十億人ものひとびとが住んでいます。その中にはもちろん家族も友人もすべてのひとびとが含まれます。

人間だけではありません。五千万種ともいわれるたくさんの生物も一緒に生きています。空気、水そして太陽の光のおかげでこんなにたくさんの生命が地球上にあふれています。どの生物も宇宙からはあまりに小さくて肉眼で一つ一つを識別することは不可能です。宇宙からは見えないけれど、確かに昔から生命は地球上で、お互いにずっとかかわりながら生き続けてきました。宇宙は空気や水がないので、私たちが一瞬たりとも生きてはいけない場所です。

そう考えながら、あらためて青く美しく輝く地球を眺め「人間は多くの他の生命を大事にしながら一緒に生きてゆくことが大切だ」と、心から思いました。

毛利衛（宇宙飛行士）

115

言葉だけをくり返しても、子どもの「感動する心」は育たない

「私は人が生まれてくる所がどうしてなるか、どうやって受精するのかとか知りたかったから、この勉強をしてとてもよかった。赤ちゃんは、お母さんのおなかのなかにいる時には、ちょうど良いあたたかさの栄養水が入っている所にいて、栄養はへそのおからお母さんの血液を通して来ている。だから、お母さんが薬とかをのんでしまうと、その薬の部分が赤ちゃんの所まで来てしまったりすることもあるという。大きくなると、へそのおが首にまきついてとれなくなって死んでしまうこともある。だから、お母さんはとても大変だなと思った。それに、ころんだりすると危険だけど、赤ちゃんを守っているふくろみたいのが、赤ちゃんをしっかり守ってくれる。だから、お母さんはそういうことがないように気をつけているような気がする。人の体は予想できないくらいすごいしくみになっていると思った」

この文章を読んで、「人の体はすごいしくみになっている」と〝感動する心〟は、事実を具体的に学ぶことが基礎にあってはじめて子どもたちの実感になっていく、とあらためて確信しました。

子どもたちが「生命がかけがえのないものであることを知り、自他の生命を尊重する」（『小学校学習指導要領道徳編』）ことを学ぶプロセスは、生命の事実を科学的にとらえることであり、はじめから「生命を大切にしよう」という結論を押しつけることではありません。

「道徳の教科化」にしろ「教科の道徳化」にしろ、教科が本来もっている科学や文化を子どもたちが獲得していくという大切な役割をゆがめ、結果として、子どもたちの「心」を育てることにならないということを危惧します。

多様で創造的な道徳教育を実践する

貝田　久（元埼玉県内公立小学校教諭）

1　道徳を民主的教育として位置づけ直す

道徳の授業の場合、年間指導計画を細かく立てて、そこに内容を押し込んでいくようなやり方では、本当の道徳教育は進みません。そんな授業は子どもたちを失望させるばかりか、子どもたちに受身的な態度を植えつけたり、理屈だけのわざとらしい人格を育てたりする危険があります。子どもの発達を念頭に置いたマクロな指導の方向性をもちながら、子どもの現実から指導課題をつかみ、それに即した授業を行なうことが求められます。「子ども自身が『そのことの当事者』となること」＝「自分のこととしてとらえること」が、道徳指導では最重要だからです。

『私たちの道徳』の内容は、他教科・教科外との重複や共通性が多いので、内容を吟味したうえで教科指導や教科外活動に統合し、民主的道徳教育として再編成することが必要です。そうすることによって、学習や活動を通して豊かな感性を育み、科学的認識を深めながら、行動・態度につながる価値や規範意識を身につけていく道徳の指導が可能になります。

たとえば、小学校3・4年の「働くことの大切さを知って」は、社会科の学習と重なります。社会科でさまざまな仕事と働く人びとの姿を具体的に学習することは、働くことの意味と大切さの理解を深め道徳的価値観を高めます。「学校や学級でみんなのためにできること」「協力し合って楽しい学校、学級を」は特別活動（学級活動）の指導と合わせることで、子どもの関心や行動に即して道徳的価値観を高めることができます。「家族みんなで協力し合って」も、家族についての作文やメッセージを書く展開になっていますが、作文指導（文章表現指導）と合わせて進めることが必要です。表現意欲の喚起からはじまる作文指導のなかで、子どもたちは家族を見つめ、ものの見方、考え方を追求し、家族と自分のリアルな姿を描きながら、家族をより深く認識し道徳的価値に気づいていきます。

『私たちの道徳』の過剰なものは削り、不足しているものは補うなど、内容の整理をする必要もあります。『私たちの道徳』は冒頭で、この本を、学校で・家庭で・地域で活用するようにとうながしていますが、家庭や地域との連携の大切さは、現場の教師たちがよく知っているところであり、これまでもさまざまな方法で行なわれてきました。

たとえば、日記指導で家庭や地域の人びとに目を向けさせ、体験や見聞きしたことを綴らせ、読み合い、家庭や地域との交流をつくり出すなかで道徳的価値に着目させる実践です。これは、「生活綴方的教育方法」として日本の教師たちの手によって実践、研究、検証され定着してきました。

「家族みんなで協力し合って」の実践も、家庭との「書き、読み合う」活動のなかで深めることができます。家庭や地域との連携も、画一的な方法ではなく、地域と学校現場の実情に応じた工夫や、教師の創造的なとりくみによって進められることが望ましいのです。

「節制」に関する項目でも同様のことがいえます。どこの学校も、基本的な生活習慣の指導は日常の保健指導のなかで全校的にとりくんでいます。ことさらに『私たちの道徳』で扱う必要はなく、保健室だよりなどを活用したこれまでの学校のとりくみを充実させればよいことです。

一方、『私たちの道徳』には足りないものがあります。国民主権、基本的人権の尊重、恒久平和など、日本国憲法に基づく基本的な道徳的価値を尊重する視点と発想が欠落しているのです。

「きまりを守ること」も「責任を果たすこと」も、基本的人権の尊重が前提であるはずです。子どもの道徳性の発達を念頭に置きながら人格的完成をめざすのが真の道徳教育であって、「きまりと責任」を道具に、飼い慣らされた子どもをつくることではないことを確認しておく必要があります。

注意しなければならない点は他にもあります。小学校3・4年の「正しいことは勇気をもって」の項目では、お年寄りに席を譲る、いじめをやめるように注意するなど、雑多な場面が示されていて、ページの中央には子どもたちをかり立てるように「義を見てせざるは勇なきなり」と掲げられています。「一旦緩急アレハ義勇公ニ奉シ以テ天壌無窮ノ皇運ヲ扶翼スヘシ」（教育勅語）につながる、この副教材の最終的なねらい、「自己犠牲の強要」が垣間見えます。

「正しい行動」は、まず人間理解から考えさせるべきでしょう。たとえば「親しい友だちがよくない行為をしていた場合、注意することができるのはなぜか、できないのはなぜか」を考え、話し合わせることから育つ道徳的価値や積極的に他者と向き合う態度は、人間理解と結びついたものになるはずです。そこから生まれる正義感や倫理観に基づく行動は、単純な「……勇なきなり」から生まれる行動とは異なり、理解と行動のバランスのとれたものになるはずです。

2　さまざまな資料と授業形態で

さいたま教育文化研究所発行の『民主的な道徳教育を創造するために　実践編』（2014年、以下『実践編』）では、民主的道徳教育で扱うにふさわしい「価値ある教材・資料」が備える条件を3つあげています。

①リアリティがあること。
②気づいて欲しい認識内容があること。
③科学的・現実的な価値認識に裏付けられた感動があること。

『私たちの道徳』をこの3つの視点で見る限り、不十分と言わざるを得ません。

たとえば、小学校1・2年の「人とともに」には、「はしの上のおおかみ」「およげないりすさん」という読み物が出てきますが、「ともだち」について考えさせたいのなら、絵本「ともだちやシリーズ」（内田麟太郎作、降矢なな絵、偕成社）など、子どもたちの心をとらえる作品が選ばれてしかるべきでしょう。

『実践編』では、中学年で絵本『あしながおじさん』(あきやまただし作、講談社)を、高学年ではいじめを扱った絵本『名前をうばわれたなかまたち』(タシエス作、横湯園子訳、さ・え・ら書房)を使った授業が報告されています。絵本のなかには、道徳の授業で活用できるすぐれた作品が数多くあります。

また、この『実践編』には、教師の自作資料を使った実践が報告されています。資料を自作するという方法の利点は、子どもの実際に合わせ、さまざまな配慮を盛り込みながら授業の流れや発問、板書など、授業全体を構想しながら教材をアレンジできることにあります。

さらに、教師自身が身のまわりから道徳の題材を見つけ、民主的な道徳的価値を、現実社会の事象から考え、子どもたちの道徳的認識を高めていく授業方法もあります。たとえば、新聞の記事、短歌、詩、写真などを素材に、道徳的価値やテーマに合わせて授業をつくっていくことができます。

豊かな道徳教育実践の創造をめざすうえで、授業形態の工夫も欠かすことはできません。私の高学年での最初の道徳の授業は、自分のあり方を考えさせ、意識的な自己形成をうながす授業でした。子どもたちは「わかっちゃいるのになぜできない」ということと自己のあり方の関係に気づき、考え、自己のあり方を築こうとします。この授業は、その後の「決まると決める」(自己決定と選択)の授業でさらに深まり、「自分は自分としてここにいる。誰のものでもない」という意識を育てていきました。

これらの授業の形態は、資料は使わずすべて会話と討論で進め、最後に文章化するというシンプルなものです。道徳の授業は、たくさんの提示物を用意すればよい授業になるというわけではありません。内容との関係で最適な授業形態を考えていくことが大切です。

3学期になると卒業や修了の少し前に授業として行なう最後のコマがあります。私は、そのコマを「最後の授業」として道徳の授業を行なってきました。6年生を担任したときは、父母への公開授業とし、内容は学年が研究してつくり上げました。教師集団の賛同を得て、保護者会でその旨と日程を伝えました。授業当日は多くの保護者が参加し、ともに考え合い、熱のこもった時間を共有しました。そんな忘れられない道徳の授業をつくることもできます。

子どもに向き合い、子どもに寄り添い、教育の最前線に立って毎日奮闘しているのは教師です。その教師の声に耳をかそうともせず、道徳教科書で道徳教育や道徳の授業をしばることは許されません。いま、求められていることは、子どもたちのための多様で創造的な道徳教育実践が保障され、「子どもから出て子どもに還る」という教育の原則に基づいた民主的道徳教育が、草の根で進められることです。

道徳の教科化を教育現場はどう受け止め、どう対処するか

真田裕子（東京都内公立中学校教諭）

1　息苦しい『私たちの道徳』

2014年7月、1学期の終業式の直前、『私たちの道徳』の活用が十分でないとして、「道徳の時間」の年間指導計画のなかに教材の活用を加筆することや、教材を家庭にもち帰らせ、保護者や地域の人と話し合う機会を設定するよう求める通知が、地教委から発信されました。

各学校では早速、「必ずもち帰らせてください」という担任への「指示」がとびました。学期末の学校だよりに突然、「保護者の方と一緒に何ページから何ページまでを読んで話し合い、その内容を教材に書き込んできなさい」という「校長先生からの宿題」が掲載された学校も少なくありません。

たしかに私の中学でも、1学期中の道徳の時間、『私たちの道徳』はあまり使われませんでした。あらためて『私たちの道徳』を読んでみました。『私たちの道徳』を読んでいると、「いまのままではダメです。このように変わりなさい」と説教されているような気持ちになって、心がだんだん沈んでいきました。

「調和のある生活を送る」「目標を目指しやり抜く強い意志を」「自分で考え実行し責任をもつ」「真理・真実・理想を求め人生を切り拓く」「自分を見つめ個性を伸ばす」……どれもこれも大切で、本当にそのとおりだと思います。でも、これらの事柄を、手を替え品を替え、これでもかこれでもかとたたみかけられると、息苦しさを感じるのです。ましてや、思春期まっただなか、大人に対する批判の目をもちはじめた中学生は、どのように受け止めるのでしょうか。

今年の道徳授業地区公開講座で、「ぼくにもこんな『よいところ』がある」という授業を行なった中学校がありました。「クラスの仲間のよいところをみんなで書いて、それをまわして読み合ったことで、自分を見つめる目とまわりの仲間を見つめる目が変わった」という生徒の作文を読んだ後、グループに分かれました。各人が自分の短所と感じていることを書いてグループのメンバーにまわします。グループのメンバーはその紙に「見方を変えれば、それは（短所ではなく）こんな長所だといえるのでは……」と思うことを書いてまわします。たとえば、「のんき」は「マイペース」、「せっかち」は「行動的」などのプラスの評価に変換する作業でした。自分の名前を書いた紙を無作為にまわして「長所」を書いてもらう方法をとったクラスもありました。

それらを発表し合う時間は、教室中が何とも言えないあたたかい雰囲気につつまれていました。子どもたちはそうやって、長所も短所も含めた〝まるごと〟の仲間を認め合うことの大切さ、仲間とともに生きていくことの意義を学んでいくのではないでしょうか。

「人間は、一人では生きていくことができない。強さも弱さももち合わせた人間が、互いに認め合い尊重し合う『思い

やりの心』によって私たちは支えられている」(『私たちの道徳』中学校、54ページ)などと何十回聞かされるよりも、ずっとしっかりと子どもの心に刻まれます。

もう一つ、『私たちの道徳』を読み進めていて気づいたことがあります。「1　自分を見つめ伸ばして」「2　人と支え合って」「3　生命を輝かせて」「4　社会に生きる一員として」と進んでいくと、最後はすべての内容が「4　社会に生きる一員として」の項目に収斂《しゅうれん》されていくのです。

2　憲法とは違う立場で説く『私たちの道徳』

たくさんの徳目(人間として自立して生きること、友だちを見つけ他者と支え合っていくこと、生命を尊重すること、美しいものへの感動と畏敬の念をもつことなど)はすべて、「学校や仲間に誇りをもち」「ふるさとの発展のため」に努力すること、何よりも「国を愛し、伝統の継承と文化の創造」をめざし、「日本人としての自覚をもち世界に貢献する」ために必要なものとして価値づけられているのです。

このことは、「4　社会に生きる一員として」にある「法やきまりを守り社会で共に生きる」の記述を読むと明瞭です。「私たちの社会は、一人一人の支え合いがなければ成り立たない。そのため一人一人の権利を保障するとともに、それぞれが果たすべき義務を明らかにしたり、対立を未然に防いだり、解決したりする方法として、法やきまりを生み出してきた」と書かれています。

人が集まってつくる社会には法や決まりが必要だと説明されていますが、「憲法」についてはひと言も触れていません。また、「権利と義務」を必ずセットにして論じていることは、「基本的人権」を「侵すことのできない永久の権利」として、将来にわたり、すべての国民に保障した日本国憲法の立場とは、根本的に異なる立場から説かれています。

中学生は、市民革命の単元で、「人は生まれながらに、自由で平等な権利をもっている」こと、「その権利を守るために政府はつくられるのであるから、その権利を守らないような政府であれば、人々は抵抗することができる」という天賦人権、近代社会の原理を学びます。「公民」では、「政府のしごとは、人民の権利を守ること」、権力者を拘束する文書が憲法であり、権力者はそれに従わなくてはならないこと(立憲主義)、すべての法は憲法のもとにつくられることを学びます。

これらの近代思想の学習は、中学社会科のなかでもっとも重要な学習内容なのです。同時にこれらの近代思想の原理、憲法の理念は「道徳」の大前提にも位置づけられなければならないものです。

『私たちの道徳』には憲法も立憲主義も出てきません。たしかに前半には、一人の人間として自立して生きていくために身につけさせたい、さまざまな「徳目」が並んでいます。こうした徳目を子どもたちに身につけさせるために道徳教育に力を入れてほしい、という声があがるのはもっともなことだと思います。

しかし、『私たちの道徳』は、まず「国」があって国民はそれに従属しなければならない、という前近代の考え方に立って書かれているため、そこで説かれている「徳目」は、子ども自身のためにあるのではなく、「国を愛し、伝統の継承と文化の創造」「日本人としての自覚をもち世界に貢献する」ためのものになっています。

この構造は、教育勅語が、前段で「父母ニ孝ニ兄弟ニ友ニ夫婦相和シ朋友相信シ」などの徳目を並べ、その結論を「一旦緩急アレハ義勇公ニ奉シ以テ天壌無窮ノ皇運ヲ扶翼スヘシ」としていたことと瓜二つです。

3　私たちはどのような道徳教育をめざすのか?

私たちがめざす道徳教育のよりどころは、日本国憲法と1947年教育基本法にあると思います。「教育は、人格の完成をめざし、平和的な国家及び社会の形成者として、真理と正義を愛し、個人の価値をたっとび、勤労と責任を重んじ、自主的精神に充ちた心身ともに健康な国民の育成を期して行われなければならない」（1947年教育基本法第1条）、「学問の自由を尊重し、実際生活に即し、自発的精神を養い、自他の敬愛と協力によって、文化の創造と発展に貢献するよう努めなければならない」（同第2条）とあります。

私たちがめざす道徳教育は、子どもの姿や願いからはじまる、子どものための道徳教育です。そして、私が大切にしたいと思うのは、生活のなかで子ども同士が学び合うことです。

中学1年生の担任をしていたときのことです。放課後、A君が一人、教室に残っていました。「どうしたの？」と声をかけると、「俺、中学に入ってからいいこと一つもない」と言って涙をこぼしました。いじめを受けていたのです。

翌朝、子どもたちにこの話をして、考えたことを書いてもらいました。それを私が全部読み上げ、それを聞いたあとに、もう一度、考えたことを書いてもらいました。

「A君がいじめられている時に、止めようかと思ってもとめられず、少しの勇気も出せず、自分って冷たい人間だな……なんて思ったりもしました。申しわけない気もします」

「悪口。私はたくさん言ったことがあります。つい言ってしまうことがあります。でも、それもいじめにつながる原因なので、少しずつ減らしていきたいと思います」

「こうやってみんなで考えたこと、しっかり心に刻んで、行動で示すことができるようにしたいです。自分を変えていけるよう、がんばります」

子どもたちは、他の子の言葉を聞いて考え合うことによって、いじめを克服していきました。

また、こんなこともありました。修学旅行の前々日、持ち物について結論が出ず、臨時の実行委員会が開かれました。夕方遅く、「トランプ以外のゲームは禁止」という結論になったと報告がありました。しばらくすると、今度は実行委員長のI君が職員室にやってきて、「みんながが知らないうちに会議を開いて、その結論を押しつけられるのでは、納得できない人がいると思う。明日みんなに知らせて、もう一度話し合いたい」と言うのです。

翌朝、I君が書いてきたプリントが全員に配布され、話し合いが行なわれました。「自由に意見を言う権利が、みんなに平等に保障されること」という民主主義の大前提を、I君が教えてくれました。

いま、「ゼロ・トレランス（不寛容）」方法の導入など、厳しい「統一基準」を設けて、問題行動を起こした子を学校から排除するような傾向が広がっています。そんな学校のなかでいくら「かけがえのない生命」などと道徳的規範を説いても、子どもたちに対する説得力をもたないでしょう。道徳教育は、学校づくり全体のなかで活かされ、検証されることが不可欠で、その成果として子どもたちが社会に生きる力を身につける教育でなければならないでしょう。

第2章

私たちがめざす道徳教育と道徳の授業

藤田昌士（元国立教育研究所研究室長・元立教大学教授）

1　道徳教育の目標をどうとらえるか

私たちがめざす道徳教育の第1の目標は、「教化」（価値の押しつけ）としての「道徳教育」への批判に立って、子どもの自主的な価値選択と行為の能力を育てることです。日本国憲法・子どもの権利条約が保障する「良心の自由」は、子どもが「自主的な価値選択と行為の能力」を身につけることによってこそ実質化するものだからです。道徳教育がめざすものを道徳性という言葉でとらえるとき、この第1の目標では、道徳性が「能力」、それも科学的・合理的な知性や共感能力を含んだ、総合的な性格をもった能力としてとらえられています。

第2の目標は、現代の道徳を基本的には人類共生のための規範としてとらえながら、子どものなかに人権尊重を基本とする民主的な価値・規範意識（民主的な価値・規範への要求）を育てることです。人権尊重こそは、現代の道徳の歴史的な到達点であり、人類共生のために求められる基本的な価値です。私たちは、子どもがこの歴史的な到達点を受け継ぎ、将来にわたって発展させていくことを期待しています。第2の目標はこの期待に基づくもので、ここでは道徳性のなかみがその中心に位置する価値・規範意識に焦点化してとらえられています。

この二つの目標は、互いに結びついています。道徳教育において真に子どもの自主性を育てようとする実践には、人権尊重への方向性が内包されています。自主性は、子どもの人間的な願いをもとに、自然や社会や人間についての真実の知識とたしかな判断力を条件として育つものだからです。それらが結びつくところ、自主性は人権尊重を求める方向へと発展していきます。他方、子どもに人権尊重の意識を育てようとする道徳教育は、子どもの「良心の自由」を無視して、価値を押しつけるようなものではあり得ません。子どもによる人権尊重を基本とする価値の再発見・再創造を助けるものです。

2 道徳教育の実践構造

学校における道徳教育は、基本的には学校の教育活動全体を通して行なわれるものです。その道徳教育は、以下の３つの層から成るものと考えることができます。

(1)見えないカリキュラム

学校には、学習指導要領で基準を定められた「見えるカリキュラム」の他に、「見えないカリキュラム」と呼ばれるものがあります。学校の雰囲気、風土、文化などと呼ばれることもあります。この「見えないカリキュラム」は、教師と子ども、子ども同士の人間関係や学校の決まりのもとでなされる「非公式の学習」、つまりは、子どもが知らず知らずある種の意識や態度を身につけていくことを指しています。それは、肯定的な場合もあれば、否定的な場合もあります。たとえば、教師と子どもとの人間関係が支配と服従という性格を帯びている場合、子どものなかに過剰な服従心や反抗心を植えつけるかもしれません。反対に、教師が子どもに寄せる愛情と信頼のまなざしは、子どものなかに教師や仲間に対する愛情と信頼を育てるでしょう。

「見えないカリキュラム」への注目を欠いた道徳教育は、砂上に楼閣を築くようなものです。私たちは、道徳教育を進める際、教師と子ども、子ども同士の人間関係や校則の問題、広くは学校運営のあり方に目を向ける必要があります。たとえば、子どもが校則に対して疑問を抱き、それを一方的に押しつける学校・教師への不信を強めているとしたら、教師は生徒会を通じて子どもとともに校則を見直し、子どもの納得に基づく校則づくりにとりくむ必要があります。

(2)教科指導と教科外活動を通しての道徳教育

学校での道徳教育を、教科指導を通しての道徳教育と教科外活動を通しての道徳教育に分けて考えることができます。

教科指導を通しての道徳教育では、それぞれの教科に固有な目標のもとで、教科内容としての科学・芸術・技術の基礎と、子どもにとっては再発見・再創造の過程となるような学習の指導とが結びつくことが重要です。そのことを通して、子どもの自主的な価値選択と行為の能力を育て、また民主的な価値・規範意識の発達にかかわるところに教科指導を通しての道徳教育があります。さらに教科指導を授業過程として見ると、そこでの子ども相互の援助を含む学習形態や学習規律の維持・形成のための子どもの自主的なとりくみなどが、道徳教育とのかかわりを含んでいます。

教科外活動を通しての道徳教育では、学級活動（ホームルーム活動）、児童会・生徒会活動、学校行事などの多様な諸活動を通して、子ども相互の民主的な交わりと自治能力を育てることが大切です。それらの自治的活動を土台に、校則の制定をはじめ学校運営への子どもの参加（意見表明）をうながし、教師と子どもとの協力による民主的な学校づくりを進める必要があります。

さらに教科外活動は、文化祭などの学校行事のように文化活動という性格をもち、教師の指導のもとで子どもが価値ある文化に接し、あるいはそれを追求・創造する機会です。こうして教科外活動は、そこでの文化の質を媒介として、子どもの価値意識の発達にも働きかけます。

教科指導を通しての道徳教育であれ、教科外活動を通しての道徳教育であれ、それらはけっして教科指導や教科外活動のなかにあれこれの徳目をもち込み、お説教をすることではありません。教科指導・教科外活動と道徳教育との本来的な関係は、道徳教育の基本的な目標を自主的な価値選択と行為の能力を育てることとしてとらえたときに明らかとなります。すなわち、言語教育、文学教育・芸術教育、科学教育、技術教育、体育、教科外活動などが、それぞれの特質に基づき、豊かな人間認識と共感能力、科学的な社会・自然認識と問題解決の能力、自治能力や組織能力などの発達、さらには価値・規範意識の育成にもかかわることによって、これらを構成要素とする自主的な価値選択と行為の能力の発達を支えるのです。

(3)「取り立て指導」と道徳の授業

教科指導・教科外活動を通しての道徳教育は、たとえば広島・長崎への修学旅行における平和学習のように、ときに「道徳教育における取り立て指導」あるいは「直接的道徳教育」といってもよい局面を含んでいます。しかし概して、教科指導・教科外活動がそれぞれに固有な目標を追求する過程で結果として行なわれる道徳教育、あるいは間接的な道徳教育といえます。

ところで、いま私たちは、国家を「道徳の教師」とする文部科学省版「道徳の授業」への批判を深めるとともに、さらに進んで①子どもの願いや子どもが抱える問題から出発して、②人権・平和・民主主義・共生などの国民的・人類的な課題のもとで、道徳の授業（授業という形をとった道徳教育における取り立て指導、あるいは直接的な道徳教育）をつくる必要がある、と考えます。

①との関連では、たとえば鈴木和雄氏の「障がいとともに生きる少女と道徳の授業」（雑誌『教育』２０１３年９月号）があります。40万人に１人という難病をもって生まれたちいちゃんの願いから出発した小学校２年の道徳の授業です。②との関連では、たとえば貝田久氏の「短歌『六二三……』を読み解く」（さいたま教育文化研究所『民主的な道徳教育を創造するために　実践編』所収、２０１４年）があります。戦争と平和をテーマとした小学校６年の道徳の授業です。ちなみに、六二三とは１９４５年、沖縄戦終結の日です。また、「私の授業づくり・道徳」、それに続く「私の道徳授業」（『生活指導』２００７年４月号からの連載）に発表された小・中学校の実践にも注目したいと思います。

これらの実践を見るだけでも、道徳の授業は、現に学級にある問題を題材としたもの、読み物資料を用いたものなどさまざまですが、子どもに徳目を押しつけるのではなくて、子どもの生活に即し、必要に応じて価値ある教材をも用いながら、子ども自身による価値の発見、自主的な判断力や共感能力の発達をめざしていることが重要です。また、道徳の授業が、日頃の教科指導や教科外活動を基盤とし、その発展あるいは意味ある補足としてあることが大切だと思います。とくに小学校高学年から中学校にかけては、「いのち」「いじめ」「障がい」「人権」「平和」などのテーマのもとで子どもの認識と感情に働きかける授業を工夫する必要もあるでしょう。

3　審議会制度と教育行政の抜本的改革

いま私たちは、国家による「道徳教育」の押しつけに抗し、学校における道徳教育を支える保護者・教師・住民の合意を草の根から追求すると同時に、教育課程の基準とされる学習指導要領やその策定主体のあり方について、私たちの制度要求をあらためて明確にする必要があります。

現在、学習指導要領は文部科学省によって法的拘束力をもつものとされ、その策定にかかわる中央教育審議会の委員は「学識経験のある者のうちから、文部科学大臣が任命する」（中央教育審議会令第２条）とされています。

他方で、「学習指導要領は法的なしばりをはずし、参考基準とします。その作成にあたっては、関係学会・教育界推薦の委員を参加させ、作成過程を随時公表するとともに、教師、学校、教育委員会などさまざまなレベルの意見をよりよく反映できるシステムにします」との提言も出されています（日本の教育改革をともに考える会編『21世紀への教育改革をともに考える』フォーラム・A、２０００年）。

また、国立教育政策研究所『諸外国における教育課程の基準』（２０１１年）によると、たとえばフランスの場合、教育課程の基準は中央教育審議会の答申を受けて国民教育省が定めていますが、その中央教育審議会は、教職員、父母、学生、高校生、地方公共団体、学校外教育団体、家族団体などの代表で構成されています。このような事例をも参考に、審議会制度と教育行政の抜本的な改革が必要です。

4　道徳教育と社会改革

道徳教育はいうまでもなく学校だけで行なわれるものではありません。家庭・地域はもちろんのこと、社会全体のあり方が重要です。この点で、日本の現状はどうでしょうか。

たとえば、今日のいじめの背後にあるものとして国連・子どもの権利委員会がくり返し指摘してきた「高度に競争的な教育制度」、また「子どもの意見の尊重がいちじるしく制限されている」情況。さらには社会の根底に横たわる「子どもの貧困」と若者の非正規労働。

これらの問題は、モラルの発達の土壌ともいえる子どもの自尊感情をおとしめ、共同性（ともに生きようとする意欲）をひきさき、明日への希望をむしばむことによって、逆に子どもの道徳性の発達をはばむものです。

社会の現状とそこにある矛盾に眼をつぶり、もっぱら学校における道徳教育の「充実・強化」を説くのではなくて、社会改革と道徳教育を含む教育の改革とを一体的にとらえ、同時的にとりくむことが、人間、そして平和的な国家・社会の形成者としての子どもの道徳性を育てる道といえるでしょう。

戦後道徳教育はどのように変遷してきたか

藤田昌士（元国立教育研究所研究室長・元立教大学教授）

1　戦後教育改革と道徳教育

(1)修身、国史及び地理停止に関する指令

１９４５年８月15日、ポツダム宣言の受諾を告げる「終戦の詔書」が発表されることによって、太平洋戦争は終結しました。その１カ月後、文部省が発表した「新日本建設の教育方針」（９月15日）は、ポツダム宣言が求める「平和国家の建設」を掲げながらも、それに先立って「今後の教育は益々国体（天皇を中心とする国のかたち―引用者注）の護持に努むる」というものでした。

しかし、日本の民主主義化を求める国際世論を背景として、戦後日本の教育改革は、同年10月以降、連合国軍最高司令官総司令部（ＧＨＱ）による「四大指令」を起点に、その歩みをはじめます。その指令の最後に位置する「修身、日本歴史及び地理停止に関する件」（同年12月31日）は、これまで日本政府が「軍国主義的及び極端な国家主義的観念」を生徒の頭脳に植え込むために教育を利用してきたとして、とくに修身、国史、地理の３教科について授業停止を指令して、これまでの教科書に代わる暫定教科書の作成を求めました。

(2)公民教育構想

３教科停止指令に先立ち、１９４５年11月１日には、文部省に公民教育刷新委員会が設置されています。ＧＨＱとは何らの関係もなく、自主的に組織し、運営されたものですが、委員会は12月22日に「公民教育刷新に関する答申第一号」を、29日には答申第二号を前田多門文相に提出しています。この二つの答申は公表されませんでしたが、それらをもとに、その後ＣＩＥ（民間情報教育局。ＧＨＱに置かれた教育担当部局）と文部省との折衝を経て発表された文部省通達「公民教育実施に関する件」（46年５月）によると、道徳教育に関するつぎのような指摘がなされています。

「道徳は元来個人の道義心の問題であるが、同時にそれは又社会に於ける個人の在り方の問題である。従来の教育に於ては、前者を修身科が主として内心の問題として担当し、後者を公民科が社会の機構や作用の面から取扱って来た。新公民科は人間の社会に於ける『在り方』という行為的な形態に於てこの両者を一本に統合しようとする」

つまりは、道徳を現実の社会における個人の行為のあり方としてとらえるところから、道徳教育（徳育）と知識教育（知育）との結合が求められたのです。

さらに、この文部省通達には「公民教育の方針」として「普遍的原理に基く理解」「合理的実証的精神の涵養《かんよう》」「科学的態度の伸張」「能動的の活動の助長」などがあげられ、「能動的の活動の助長」では、「共同生活に於てはただ無批判的に命令や統制に動かされるのではなく、自主独立の精神を以て自発的に協力する人間が必要である」として、新しい人間像がうたわれています。

この通達を受けて、『国民学校公民教師用書』（46年9月）、『中等学校・青年学校公民教師用書』（10月）が発行されています。『国民学校公民教師用書』によると、これまでの修身教育は「著しく観念的であり、画一的であって、わるい形式主義におちいっていた」、また「現に人が生活している社会について理解させ、そこで正しく行動することを、ゆるがせにした傾き」があったと批判されています。

また、修身教育に代わる公民教育（公民科指導）は、国民学校では「実践指導（生活指導）」を主体とし、公民的知識の充実と拡大をめざす「知的指導」は、初等科5年からはじまるものとされています。

『中等学校・青年学校公民教師用書』では、そのまえがきに「従来の道徳教育を見ると、そこでは大体において、社会秩序というものはすでに出来上がった動かないものとみられがちであり、個人はそのような秩序に服従すればよいというふうに教育されて来た」「従来の極端に国家主義的な教育方針の結果、道徳の向かうところもまた一律に国家目的の実現というふうに考えられた。そこで結局道徳教育が人間の基本的権利及びその生活条件を無視するような傾きも見られるようになった」とあることが注目されます。

同書によると、公民教育は「教室における公民教育と公民的実習との二つの面」をもつものですが、前者と関連して、「学習指導についての一般的注意」に「道徳教育の意味を正しく理解すること」として、つぎのような指摘があります。

「道徳が内面的な問題であるのはいうまでもないが、道徳の諸問題は具体的な現実の環境や社会的事象に即し、道徳的判断力を通して解決されるものであるから、道徳教育が単に心構えや観念として道徳を説くだけでは無意味であると言わなくてはならない。すなわち、道徳的心情も具体的な社会的行為の裏づけとして働かなくてはならないということである」

先ほど紹介した二つの「答申」以来の、道徳教育と知識教育とを統一する立場をここにも見ることができます。

他方、公民教育の一翼をなす「公民的実習」は生徒の自治活動を中心とし、「生徒代表・級長（組長）班長等の選挙」「遠足・見学・旅行・学校行事（祭典）・運動競技等の企画・運営に生徒を参加させること」などを通じて行なうものとされました。

(3)教育基本法の制定

1946年11月3日、日本国憲法が公布（翌年5月3日に施行）され、大日本帝国憲法のもとで納税、兵役とともに「臣民の三大義務」の一つとされていた教育は、日本国憲法第26条において国民の権利（教育を受ける権利）として宣言されました。

ついで教育基本法が、教育刷新委員会（46年8月設置）を中心とする日本側の自主的な努力によって制定されました（47年3月31日公布・施行）。同法は、その前文で「われらは、個人の尊厳を重んじ、真理と平和を希求する人間の育成を期する」と述べるとともに、第1条（教育の目的）で「教育は人格の完成をめざし、平和的な国家及び社会の形成者として、真理と正義を愛し、個人の価値をたつとび、勤労と責任を重んじ、自主的精神に充ちた心身ともに健康な国民の育成を期して行われなければならない」としています。

この教育の目的にある「人格の完成」は、教育基本法案のもととなった教育刷新委員会の建議（46年12月）には「人間性の開発」とあったもので、制定後発せられた文部省訓令第4号「教育基本法制定の要旨」（47年5月）によると「個人の価値と尊厳との認識に基き、人間の具えるあらゆる能力を、できる限り、しかも調和的に発展せしめること」と説明されています。「平和的な国家及び社会の形成者として」とあるのは、「人格の完成」の一部ではあるが、それがとりわけ重要な意味をもつことから、とくに取り出して述べたものと考えられています。

教育基本法の立案に携わった人びとが執筆した教育法令研究会著『教育基本法の解説』（国立書院、1947年）によると、「社会」は広く「国際社会」をも含み、「形成者というのは、単なる成員、構成者という消極的なものでなく、積極的に国家及び社会を形づくって行く者という意味である」といわれています。先に見た公民教育構想以来の、共同生活における個人の自主性・能動性の重視につらなる目的把握を見ることができます。

(4) 教育勅語の処理

1946年2月、当時文部省の学校教育局長であった田中耕太郎は、地方教学課長会議で訓示し、教育勅語は「我が国の醇風《じゅんぷう》美《び》俗《ぞく》と世界人類の道義的な核心に合致するもの」「いわば自然法とも云うべき」ものと述べています。また、第1次米国教育使節団の来日（同年3月）に先立ちＧＨＱの指令により設けられた日本側教育家委員会の報告書（同年4月発表）に見られるように、「あらためて平和主義による新日本の建設の根幹となるべき国民教育の新方針ならびに国民の精神生活の新方向を明示したもう如き詔書をたまわりたきこと」とする新勅語奏請の動きもありました。

しかし、これらの発言や動きについては、たとえば『読売報知』社説（46年2月24日付）が「教育再建を阻むもの」と題して、「田中局長は世界観の自由を強調しているが、教育勅語に対する批判を排し、これを一種の自然法であるとして、これに従うべきことを公職者の立場として強調することは、健全な常識の立場からみれば、これすでに一種の世界観の強制ではなかろうか」と批判しています。また、『朝日新聞』社説（同年3月20日付）は、「勅語渙発説を斥く」と題して新勅語奏請説を批判し、「政治的機構を、外から与えられることは、忍ぶことを余儀なくせられるとしても、国民精神の内容までをも配給されることは、忍ぶことはできない」と論じています。いずれも思想・良心の自由を求める立場からの痛烈な批判といえます。

日本側教育家委員会の後を受けて発足した教育刷新委員会の第1特別委員会は9月25日、「教育勅語に類する新勅語の奏請は之を行わないこと」を決定しています。そして文部省は次官通牒を発し（10月8日）、教育のよりどころを教育勅語に限らず、広く古今東西の倫理、哲学、宗教などにも求めること、今後は式日などで教育勅語は読まないことにすることなどを指示しています。

教育勅語に対する政府当局者のあいまいな態度は、教育基本法案の審議過程における高橋誠一郎文相の「此の法案の中には、教育勅語の良き精神が引継がれて」いる、「教育勅語を敢て廃止すると言う考えはない」という答弁（47年3月19日、貴族院）にも見られるものですが、その教育勅語の排除あるいは失効確認の決議が衆参両院でなされたのは、1948年6月19日のことでした。

衆議院の「教育勅語等排除に関する決議」は、そのなかで「思うにこれらの詔勅の根本理念が主権在君並びに神話的国家観に基いている事実は、明らかに基本的人権を損い、且つ国際信義に対して疑点を残すもととなる」と述べています。また、参議院の「教育勅語等の失効確認に関する決議」に至る審議過程にあって、当時参議院議員であった歴史学者の羽仁五郎は「教育勅語が如何《いか》に間違って有害であったかということは、道徳の問題を君主が命令したということにある」と発言しています（5月27日、参議院文教委員会）。教育勅語が形式面で有する問題性を鋭く指摘したものです。

(5)1947年版学習指導要領（試案）と社会科

1947年4月からの新学制に基づく小・中学校の発足に先立ち、同年3月、文部省『学習指導要領一般編（試案）』が発表されました。この試案は序論で、戦後の教育にあらわれたもっとも大きな変化は「これまでとかく上の方からきめて与えられたことを、どこまでもそのとおりに実行するといった画一的な傾きのあったのが、こんどはむしろ下の方からみんなの力で、いろいろと、作りあげて行くようになって来たということである」と述べています。そして「この書は、学習の指導について述べるのが目的であるが、これまでの教師用書のように、一つの動かすことのできない道をきめて、それを示そうとするような目的でつくられたものではない。新しく児童の要求と社会の要求とに応じて生まれた教科課程をどんなふうにして生かして行くかを教師自身が自分で研究して行く手びきとして書かれたものである」と述べています。「試案」という文字が付されていることの基本的な意味合いをここに見ることができます。

ところで試案が新たに登場した社会科について述べるところを見ると、「社会科は、今日のわが国民の生活から見て、社会生活についての良識と性格とを養うことが極めて必要であるので、そういうことを目的として、新たに設けられたのである。たゞ、この目的を達するには、これまでの修身・公民・地理・歴史などの教科の内容を融合して、一体として学ばれなくてはならないので（中略）、それらの教科に代わって、社会科が設けられた」とあります。

同年9月からの小・中学校における社会科授業の開始に先立ち、5月には『学習指導要領社会科編Ⅰ（試案）』が、7月には『同Ⅱ（試案）』が発表されました。Ⅰの序論を見ると、その冒頭に「今度新しく設けられた社会科の任務は、青少年に社会生活を理解させ、その進展に力を致す態度や能力を養成することである」とあり、ついで「社会生活を理解するには、その社会生活の中にあるいろいろな種類の、相互依存の関係を理解することが最もたいせつである」と書かれています。

「相互依存の関係」という記述は、当時批判的論議を呼んだのですが、それはさておき、この試案が社会生活の根本には「人間らしい生活を求めている、万人の願いがひそんでいる」として「青少年の人間らしい生活を営もうという気持を育ててやることは、基本的人権の主張にめざめさすことであると同時に、社会生活の基礎をなしている、他人への理解と他人への愛情とを育てることでもある」と述べていることに注目したいと思います。先に述べた公民教育構想と社会科とのあいだにはCIEによるアメリカの社会科（social studies）についての示唆と、「なすことによって学ぶ」という言葉に示される経験主義教育理論の導入が介在しているのですが、日本における社会科の登場は、その目標、道徳的行為と認識との不可分な関係の把握、それと関連した広領域教科としての性格において、基本的には戦後初期の公民教育構想を基盤とし、それを受け継ぐものといえるでしょう。

(6)天野文相と国民実践要領

発足間もない社会科とそれを中心とする道徳教育については、早くも1950年頃からその再検討がなされ、「道徳教育の振興」が図られるようになりました。49年10月の中華人民共和国成立、翌年6月の朝鮮戦争勃発を国際的な背景とし、日本が51年9月のサンフランシスコ講和条約・日米安全保障条約締結、またGHQの警察予備隊創設指令（50年7月）に基づく事実上の再軍備へと向かいつつある過程で、吉田茂首相は「愛国心」の再興を文教政策の筆頭に掲げました（50年10月）。続いて天野貞祐文相によって、「文化の日」その他国民の祝日における学校行事で「国旗」を掲揚し、「国歌」を斉唱することをうながす大臣談話（同年10月）、かつての教育勅語に代わる道徳規準（国民実践要領）の制定とかつての修身科に代わる新たな道徳教科の特設とを示唆する発言（同年11月、都道府県教育長協議会）など、「道徳教育の振興」にかかわる一連の意向が示されました。

しかし、天野文相の意図がただちに実現されたわけではありません。文相諮問に対して教育課程審議会は、1951年1月、「道徳教育振興に関する答申」を発表し、道徳教科の特設を不可としています。その答申に基づき、文部省は翌月「道徳教育振興方策」、4月から5月にかけては『道徳教育のための手引書要綱』を発表するとともに、同年7月改訂の『学習指導要領一般編（試案）』のなかにとくに「道徳教育」の項を設けて、道徳教育は学校教育の全面において行なうとの方針を明らかにしています。また、かつての教育勅語に代わる道徳規準としての「国民実践要領」も、1951年11月、その大綱が発表されると、「日本国家の道徳的中心は天皇にある」という文相の発言（同年10月15日、参議院本会議）とともに激しい世論の批判を浴び、同月、文相は「要領」の白紙撤回を余儀なくされました。1953年、天野はこの「要領」を私人として発表しています。

(7) 1951年版学習指導要領（試案）と道徳教育

改訂された『学習指導要領一般編（試案）』は小・中・高等学校それぞれに道徳教育についての記述を含んでいます。ここでは、それらを代表するものとして小学校の「道徳教育について」と題する記述のなかから、その一節を紹介します。

「民主社会における望ましい道徳的態度の育成は、これまでのように、徳目の観念的理解にとどまったり、徳目の盲目的実行に走ることを排して、学校教育のあらゆる機会をとらえ、周到の計画のもとに、児童・生徒の道徳的発達を助け、判断力と実践力に富んだ自主的、自律的人間の形成を目ざすことによって、はじめて期待されるであろう。したがって道徳教育は、その性質上、教育のある部分でなく、教育の全面において計画的に実施される必要がある」

このように道徳教育は、「判断力と実践力に富んだ自主的、自律的人間の形成」という目標のもと、教育の全面において計画的に実施するとの方針が明示されました。これに先立つ教育課程審議会答申において、つぎのようにいわれていたことにも注目したいと思います。

「道徳教育振興の方法として、道徳教育を主体とする教科あるいは科目を設けることは望ましくない。道徳教育の方法は、児童、生徒に一定の教説を上から与えて行くやり方よりは、むしろそれを児童、生徒に考えさせ、実践の過程において体得させて行くやり方をとるべきである」

文部省「道徳教育振興方策」に基づき、1951年4月には『道徳教育のための手引書要綱』の総説および小学校編が、翌5月には中学校、高等学校編が発表されました。同書がその総説で述べるところを見ると、道徳教育を学校教育の全面で行なうということは学校教育のあらゆる部面で道徳に関する内容を直接とりあげ、強調するということではない。各教科の学習や特別教育活動（今日の特別活動の前身）が互いによく連絡をとりながら、それぞれの特性を十分に発揮して各自の目標を達成することにより、はじめて児童生徒の円満な人格を育成することができるが、そのような人格を形成することが実は道徳教育の目的であるといわれています。また、憲法および教育基本法の精神に基づいて個人の人格の完成をめざす以上、道徳教育においても、個人の人格を何よりも重んじ、人権を何にもまして尊ぶことが根本とならなくてはならないともいわれています。

なお、この時期、今井譽次郎『農村社会科カリキュラムの実践』(50年3月)、無着成恭編『山びこ学校』(51年3月)、小西健二郎『学級の革命』(53年10月)など、教師のすぐれた教育実践記録が発表され、日本の子どもの生活現実に立脚した、学校と地域からの教育改革の息吹をいきいきと伝えています。

2 「道徳」時間の特設と「期待される人間像」

(1)社会科改訂と道徳教育

1951年5月、占領政策の行き過ぎ是正を名目に吉田内閣に設けられた政令改正諮問委員会は、「教育制度の改革に関する答申」(同年11月)を決定しました。それは、学校制度全体の差別的再編成、国家による標準教科書の作成、教育委員の任命制など、戦後教育改革の「修正」と反改革のための施策を提案したものです。いわゆる「逆コース」のはじまりです。

このような状況のなかで、前記の『学習指導要領一般編(試案)』とともに『小学校学習指導要領社会科編(試案)』(7月)、ついで『中学校・高等学校学習指導要領社会科編Ⅰ(試案)』(12月)、『中学校・高等学校学習指導要領社会科編Ⅱ(試案)』(52年10月)が発表されました。しかし、それらはまだ、中学校第3学年一般社会科の第5単元「われわれは、どのようにして世界の平和を守るか」(上記Ⅱ)にも見られるように、戦後教育改革の精神を受け継ぐものでした。

ところが、それから間もない1952年12月、岡野清豪文相は教育課程審議会に「社会科の改善、特に地理・歴史・道徳教育について」諮問しています。この諮問に対して翌年8月に提出された教育課程審議会「社会科の改善に関する答申」は「社会科の改善に当って力を注ぐべき面の一つは、基本的人権の尊重を中心とする民主的道徳の育成である」と述べています(「一般的事項(四)」)。先に見た1951年版『学習指導要領一般編(試案)』における「判断力と実践力に富んだ自主的、自律的人間の形成」という目標把握とともに、戦後道徳教育改革の歩みのなかで確認しておく必要のあるもう一つの目標把握がここにあります。

しかし、これに対して翌日、中央教育審議会「社会科教育の改善に関する答申」は、その付記の1で「答申(前記の教育課程審議会答申—引用者注)の一般的事項(四)中に『基本的人権の尊重を中心とする民主的道徳』とあるの意味は、民主的道徳の中心は人格の尊重、ひいては社会公共への奉仕にあるとの意味に理解すべきであるから、これが実施に当っては、その趣旨に沿い遺漏のないよう努めること」としています。この指摘は、1953年8月、文部省が発表した「社会科の改善についての方策」のなかにも「社会公共のために尽すべき個人の立場や役割を自覚し、国を愛する心情を養い……」というように受け継がれています。

このような経過を受けて、1955年度改訂『小学校学習指導要領社会科編』『中学校学習指導要領社会科編』『高等学校学習指導要領社会科編』が発表されています。そこでは、学習指導要領(以下、指導要領）から「試案」という文字が削除されています。上記のような改訂の動向は、当時、大学教員有志や民間教育研究団体などによって構成された社会科問題協議会の第6次声明（55年2月）において、社会科を「戦前のおしつけ『教訓科』」にするものとして批判されています。

なお、1953年10月25日付の朝日新聞報道によると、同月、ワシントンで行なわれた池田勇人特使とロバートソン国務次官補との会談では、日本側の「防衛努力」を制約する条件の一つとして「政治的、社会的制約」があげられ、そのなかで「占領八年にわたって、日本人はいかなることが起っても武器をとるべきではないとの教育を最も強く受けたのは、防衛の任に先ずつかなければならない青少年であった」といわれています。そして「日本政府は教育及び広報によって日本に愛国心と自衛のための自発的精神が成長するような空気を助長することに第一の責任をもつものである」と申し合わされています。社会科改訂、「道徳教育」強化の政治的背景を示すものです。

(2)「道徳」時間の特設

1957年5月、国防会議は「国防の基本方針」を決定、愛国心の高揚が国家の安全保障の基礎と強調しています。7月には自民党文教制度調査特別委員会が「文教政策大綱」を発表、「民族精神の涵養と国民道義の高揚」を強調しています。これらの動きを受けて、8月4日、松永東文相は記者会見で「民族意識、愛国心高揚のために小・中学校に道義に関する独立教科を早急に設けたい」と言明しました（同日付朝日新聞夕刊参照）。同文相は教育課程審議会に道徳教育のあり方について諮問（9月）、同審議会は前後4回、実質9時間程度の審議で時間特設を決定しました（11月）。

その後、教育課程審議会答申（58年3月）に基づき、小・中学校「道徳」実施要綱（同月）、ついでは小・中学校指導要領道徳編（58年8月、小・中学校指導要領の全面告示は同年10月）において、道徳教育の目標の基本は「人間尊重の精神」、「道徳」の時間は学校の教育活動全体を通じて道徳教育を行なうという従来の方針を踏襲しながら、他の教育活動における道徳指導を「補充・深化・統合」するもの、その指導には学級担任があたることとされました。なお、「道徳」の時間は、指導要領の改訂告示を待たず、1951年改訂『学習指導要領一般編（試案）』にある「教科以外の活動」（小学校）・「特別教育活動」（中学校）の時間のなかから毎週1時間をとって4月から実施することとされました。

さて、このような状況にあって1957年11月、日本教育学会教育政策特別委員会は「道徳教育に関する問題点（草案）」を発表し、その「あとがき」のなかで「近代民主主義のもとで、個人の自由と良心の問題である道徳とその教育について、公権力が一定の方向づけやわくづけをすることが、はたして妥当であるかどうかが考えられねばならない」としています。

他方、この指摘に対応するかのように、特設後、文部省が行なった一連の道徳教育指導者講習会で講師の一人、小沼洋夫（国立教育研究所指導普及部長、元文部省視学官）は「日本の事情というものを考えますと、この際、道徳教育の基準というものを、ある程度明らかにして、それを学校が中心になって、その基準に則した道徳教育をやっていき、それが将来、家庭・社会という所に浸透していけば、日本として道徳教育というものの地盤ができていくのではないか（中略）考え方によっては特設時間を設けたということよりも、今回の道徳指導要領で道徳の目標ないし内容を示したことに大きな意義がある」と述べています（文部省『新しい道徳教育のために』東洋館、1959年）。

　これらの指摘から察せられるように、特設「道徳」の問題は、基本的には、国家と道徳教育との関係をめぐる近代民主主義の原則にかかわる問題（子ども（国民）の良心の自由にかかわる問題）でした。1958年改訂小・中学校指導要領は「試案」という文字を削除し、官報告示という形式によって「法的拘束力」をもつものとされましたが、その学習指導要領で「道徳」が特設されたことについては、国家（具体的には政党内閣によって指揮監督された文部省［文部科学省］）は「道徳の教師」ではあり得ないという批判を明らかにする必要があります。

　なお、小沼は、先の講演のなかで「人間愛・人間尊重の中に、基本的人権は含まれるが、基本的人権を認めるだけでは、ただちにそのために自己が犠牲になるという道徳的な根本問題は出てこない。そういう意味で、人間尊重ということばはより包括的な意味をもっている」とも述べています。

　「道徳」特設については、前記の日本教育学会教育政策特別委員会「問題点（草案）」と前後して長田新「修身科特設を批判す」（雑誌『世界』1957年11月号）、また、「道徳」特設後には教育科学研究全国連絡協議会等33団体による「道徳教育研究大会申し合わせ」（58年4月）、「教育課程研究大会決議文」（同年7月）などに見られるように、種々の角度からの批判がなされました。その一つ、日本教職員組合の反対声明（同年8月）によれば、「政党の政策を背景とし、政府が権力をもって道徳教育の内容や方法を強制的に実施することに反対する」「教育課程の改悪（社会科の骨抜きなど―引用者注）のなかに官製道徳教育の本質は露呈され（中略）ている」「教育諸条件の整備ということは全くふれず、これを無視している」などのことが指摘されています。

(3)文部省『道徳の指導資料』と道徳副読本

　特設当初の「道徳」は、これを修身科の復活とする批判を考慮するところから、小・中学校「道徳」実施要綱にも見られるように、「なるべく児童生徒の具体的な生活に即する」ことをたてまえとするものでした。他方、教科書は使わないということが、特設にあたっての方針でした（たとえば1958年2月、参議院文教委員会における初中局長答弁）。

　しかし、1962年、荒木益夫文相は、第41回臨時国会その他において「共通の道しるべになるものとして道徳教科書をつくりたい」と言明、事務当局に検討を指示しました（『時事通信内外教育版』1962年9月25日付参照）。文相諮問を受けて翌年7月に発表された教育課程審議会答申「学校における道徳教育の充実方策について」は、「日常生活の中から生きた教材を選ぶとともに、（中略）特にわが国の文化、伝統に根ざしたすぐれたものをじゅうぶんに生かして、内容的に充実していく必要がある」「公正な愛国心を培うように一層努力する必要がある」「今後宗教的あるいは芸術的な面からの情操教育が一層徹底するよう、指導内容や指導方法について配慮する必要がある」ことなどを述べています。

この答申に基づき文部省は1964年から66年にかけて『道徳の指導資料』（第1集～第3集、小・中学校各学年別）を発行、全国小・中学校の学級担任にもれなく配付しました。さらに文部省は1965年1月、道徳の読み物資料についての通達を発し、「道徳の読み物資料の具備すべき要件」として、小・中学校学習指導要領に示されている道徳の「目標」「内容」を達成するように編集されていることなどをあげています。

(4)『期待される人間像』

1963年6月、荒木文相は中央教育審議会に後期中等教育の拡充について諮問、同審議会は1966年10月、答申「後期中等教育の拡充整備について」とともに、その答申の別記として「期待される人間像」を発表しました。その「まえがき」において「すべての日本人、とくに教育その他人間形成の任に携わる人々の参考とするためのもの」とされています。その第1部第1章～第4章は、かつての天野「国民実践要領」における「個人」「家」「社会」「国家」という4章構成と同様、それぞれ「個人として」「家庭人として」「社会人として」「国民として」と題されています。

その内容の一部を紹介すると、第1章の5では「生命の根源すなわち聖なるものに対する畏敬の念が真の宗教的情操であるとして「畏敬の念をもつこと」が求められています。また、第4章の2では「天皇への敬愛の念をつきつめていけば、それは日本国への敬愛の念に通ずる。（中略）このような天皇を日本の象徴として自国の上にいただいてきたところに、日本国の独自の姿がある」として「象徴に敬愛の念をもつこと」が求められています。「国民実践要領」に「われわれは天皇を親愛し、国柄を尊ばねばならない」とあるのに続くものです。

なお、「期待される人間像」については、前年1965年1月にその中間草案が発表されたことを受けて、同年3月、日本教職員組合が『期待される人間像』批判のために」を発表、「権力が人間像をえがいておしつけることは許されません」「憲法、教育基本法の精神を否定するものである」「現実をおおいかくし、抽象的、精神主義的な内容である」という趣旨の批判を行なっています。

(5)「国を守る気概」と「国防」教育

防衛庁の1981年度『防衛白書』は、はじめて第3部第1章に「国を守る心」と題する節を設け、「真の愛国心は、単に平和を愛し、国を愛するということだけではない。国家の危急に際し、力を合わせて国を守る熱意となって現れるもの」と述べています。以来、『防衛白書』は毎年度のように「国を守る気概」と題する節ないしは項を設けていますが、たとえば1983年度版では「侵略からわが国を守るため、最善を尽くすことは、国民一人一人の務めであり、その務めを果たそうとする自覚が愛国心の発露であり、国を守る気概である」といわれています（第3部第1章第4節の1）。

　このような「愛国心」のとらえ方と関連して、1980年代には、協和協会（会長・岸信介）「愛国心教育の内容と育成についての要請」（84年11月）に見られるように、「国際関係の実状を周知させ、国防の今日的意義を徹底させること」との「要請」もなされています。

(6)臨時教育審議会答申と道徳教育

　1984年8月、中曽根康弘首相直属の諮問機関として臨時教育審議会が発足しました。翌月、第1回総会における諮問を受けて、1987年8月には「教育改革に関する第四次答申（最終答申）」が提出されました。答申は教育の全般にわたっていますが、「初等中等教育の充実と改革」について見ると、「教育内容の改善」の冒頭に「徳育の充実」をあげ、「自然体験学習の促進、特設『道徳』の内容の見直し・重点化、適切な道徳教育用補助教材の使用の奨励」などのことを述べています。続いて「教育内容の改善の基本方向」としては、その一つに「我が国の伝統・文化の理解と日本人としての自覚の涵養」があげられています。ちなみに、「日本人としての自覚」は、それまでの小・中学校指導要領でも「道徳」の内容の一つとしていわれてきたことですが、従来の「文化・伝統」という語順を逆転させ、あらためて「伝統・文化」の理解・尊重と結びつけて、また「よき国際人はよき日本人である」（第1次答申、85年6月）というように「国際化への対応」にかかわって強調されているものです。「期待される人間像」を受けて「人間の力をこえるものを畏敬する心」（第2次答申、86年4月）、「生命や自然への畏敬の念」（最終答申）への言及をも見ることができます。

3　1989年改訂以降の小・中学校学習指導要領と道徳教育

(1)道徳教育の目標・内容の変化

　1989年3月に改訂された小・中学校指導要領は、「第3章　道徳」の「第1　目標」において、道徳の時間特設以来いわれてきた「人間尊重の精神」と並べて「生命に対する畏敬の念」を加えています。文部省『小学校指導書　道徳編』（89年6月）によると、「生命に対する畏敬の念」は「人間尊重の精神をより深化させようとする趣旨」で加えられたもので、「生命のかけがえのなさや大切さに気付き、生命あるものを慈しみ、畏《おそ》れ、敬い、尊ぶことを意味する」とあります。また、「ここでいう生命は、人間のみではなく、すべての生命を含んでいる」ともいわれています。

　その後、1998年改訂の小・中学校指導要領において、「人間尊重の精神と生命に対する畏敬の念」という言葉は「第1章　総則」にある道徳教育の項に移されましたが、その後の小・中学校指導要領解説・道徳編では「生命に対する畏敬の念に根ざした人間尊重の精神」という説明をも加えながら、おなじような趣旨のことがいわれています。

ところで、1989年改訂指導要領は、68・69年改訂や77年改訂ではただ番号順に並べられていた「道徳」の内容構成をあらため、小・中学校ともに「1 主として自分自身に関すること」「2 主として他の人とのかかわりに関すること」「3 主として自然や崇高なものとのかかわりに関すること」「4 主として集団や社会とのかかわりに関すること」という4つの「視点」を設け、各視点ごとに内容項目を配置するという形式にしています（しかも小学校の場合は2学年ずつの3段階に分けて）。そして第3の視点のなかには小学校第5・6学年の場合「(3) 美しいものに感動する心や人間の力を超えたものに対する畏敬の念をもつ」、中学校の場合「(1) 自然を愛し、美しいものに感動する豊かな心をもち、人間の力を超えたものに対する畏敬の念を深めるようにする」という項目があります。

小学校の場合、77年改訂までは「崇高なものを尊び」とはあっても、「人間の力を超えたものに対する畏敬の念」という言葉はありませんでした。以来、今日に至るまで、この「……畏敬の念をもつ」という表現が踏襲されています。

中学校の場合は、69年改訂で「人間の力を超えたものを感じとることのできる心情を養う」といわれ、77年改訂では「人間の力を超えたものに対して畏敬の念をもつように努める」とされていました。それが89年改訂では上記のように「……深めるようにする」とされ、1998年改訂以降は単に「深める」とされています。

「生命に対する畏敬の念」といい、「人間の力を超えたものに対する畏敬の念」といい、それらは、「期待される人間像」で「生命の根源に対する畏敬の念」が「真の宗教的情操」として求められていたことなどを受けて、道徳教育の目標の根底に「宗教的情操」を据えようとするものといえるでしょう。「宗教的情操」について、ここで立ち入って論ずる余裕はありませんが、戦前、1935年に出された「宗教的情操ノ涵養ニ関スル文部次官通牒」にいう「宗教的情操」のなかみが「敬神崇祖」という名の国家神道イデオロギーであったという事実、また戦後、教育基本法の制定過程にあって第9条（宗教教育）について、高橋誠一郎文相がつぎのように述べていたという事実を再確認しておきたいと思います。

「この法案成立の歴史を申しますると、最初はむしろ宗教的情操の涵養を説くということになっておったのでありますが、かくのごときものは改めたらよいだろうという意見が強くなってまいりまして、そうしてここには、特に宗教に関する寛容の態度を尊重しなければならぬ。かくのごとく改められた次第でございます」（47年3月14日、衆議院教育基本法案委員会）

(2)学校における道徳教育の全体計画

1989年改訂小・中学校指導要領はともに、「学校においては（中略）道徳教育の全体計画と道徳の時間の年間指導計画を作成するものとする」と述べて、学習指導要領のうえではじめて「道徳教育の全体計画」を作成することを指示しています。それまでは、指導書のなかでは「道徳教育の全体計画」について述べていても、指導要領のうえでは「道徳の時間の年間指導計画」について述べるにとどまっていました。その全体計画の内容として89年改訂小・中学校指導要領はともに、①「学校の道徳教育の重点目標」、②「(第3章）第2に示す道徳の内容と各教科及び特別活動における指導との関連」、③「家庭や地域社会との連携の方法」を示す必要があるとしています。

1998年改訂小・中学校指導要領における同様の規定を経て、2008年改訂小・中学校指導要領では、上記②が「第2に示す道徳の内容との関連を踏まえた各教科、外国語活動、総合的な学習の時間及び特別活動における指導の内容及び時期」（傍点は引用者。中学校の場合は外国語活動を除く）まで示すよう細目化されました。また、指導要領のうえではじめて、小・中学校ともに、第3章の「第2　道徳」の冒頭に「道徳の時間を要《かなめ》として学校の教育活動全体を通じて行う道徳教育の内容は、次のとおりとする」という一文が置かれました。指導要領が定める「道徳」の内容を各教科・領域のなかにもち込もうという意図があらわです。

このような方針のもと、すでにある県の指導事例集では、小学校第6学年社会科「日本国憲法」に関する単元で、憲法学習を指導要領「道徳」の内容の一つ、「公徳心をもって法やきまりを守り、自他の権利を大切にし進んで義務を果たす」という項目のもとに位置づけ、公権力の行使をしばる規範としての憲法の本質理解を誤らせる恐れのある指導事例もあらわれています。この際、「学校の教育活動全体を通じて道徳教育を行う」といっても、教育と科学との結合・教育と実生活との結合という2原則に基づいて私たちがめざす全教育活動を通しての道徳教育と、学校の教育活動全体の「道徳教育」化（徳目のお説教と押しつけ）との質的な差異を明らかにする必要があります。

関連して、1989年改訂以降、小・中・高等学校ともに「入学式や卒業式などにおいては、その意義を踏まえ、国旗を掲揚するとともに、国歌を斉唱するよう指導するものとする」という規定が登場していることも指摘しておく必要があります。それまでは（といっても1958年の小・中学校指導要領改訂以降）、「国民の祝日などにおいて儀式などを行う場合には、児童（中学校・高校の場合は生徒―引用者注）に対してこれらの祝日などの意義を理解させるとともに、国旗を掲揚し、君が代を斉唱させることが望ましい」とされていました（ただし、70年代の小・中・高等学校指導要領改訂では「君が代」が「国歌」に）。それに代わる上記の規定は、日本国憲法第19条、子どもの権利条約第14条が保障する「思想・良心の自由」を無視するものです。

(3)「道徳の教科化」への動き

現在進められている「道徳の教科化」への動きは、小渕内閣の当時、首相の私的諮問機関として設けられた教育改革国民会議の提言にまでさかのぼることができます。2000年12月に提出された「教育改革国民会議報告──教育を変える17の提案」のなかに、「小学校に『道徳』、中学校に『人間科』、高校に『人生科』などの教科を設け、専門の教師や人生経験豊かな社会人が教えられるようにする」とあります。ついで「道徳の教科化」は、第1次安倍内閣の当時、閣議決定により設けられた教育再生会議の第2次報告（07年6月）のなかに再登場しています。その報告のなかに「徳育を教科化し、現在の『道徳の時間』よりも指導内容、教材を充実させる」との提言があります。以来、第3次報告(同年12月)、最終報告（08年1月）と、その種の提言がくり返されています。しかし、これらの提言は当時の中央教育審議会会長らの反対もあり、見送られました。

その後、2006年の教育基本法改定（第2条〔教育の目標〕で「愛国心」を法定）を経て、2013年1月、閣議決定に基づき設置された教育再生実行会議は、第3回会合（2月）で「いじめの問題等への対応について」と題する第一次提言をまとめ、安倍首相に提出しました。その提言の第1に位置しているのが「道徳を新たな枠組みによって教科化」するというものです。翌月、文部科学省は「道徳教育の充実に関する懇談会」を設置し、12月には同懇談会の名において「今後の道徳教育の改善・充実方策について」と題する報告書が提出されました。これを受けて文部科学相は、今年2月、中央教育審議会に諮問し、指導要領の一部改訂により「道徳の教科化」を2015年度にも実施しようとしています。

(4)「道徳の教科化」のねらいは何か

第1には、「授業時数の確保」の名のもとに「道徳」授業実施への強制力を強めることです。

第2には、道徳教科書使用の義務づけによって「道徳」授業の内容・指導方法を規制することです。

第3には、「特別の教科　道徳」を要として学校の教育活動全体の「道徳教育」化（徳目のお説教と押しつけ）をさらに推し進めることです。

そして以上のようなねらいを重ね合わせながら、詰まるところは、いじめ問題にこと寄せて、政府のいう「愛国心」を要とする国家主義的な道徳教育のいっそうの徹底をはかろうとするもの、あるいは、「規範意識」と称して、その実は、戦後、文部省が従来の道徳教育を批判して述べた「いかに既成の秩序に服従するかという個人の心術（心の持ち方─引用者注）」（『中等学校・青年学校公民教師用書』1946年）をいままたつくりあげようとするものとも言えます。

なお、戦後、歴代保守党政権が「道徳教育」の眼目としてきた「愛国心」は、これまで述べてきたことから、少なくとも以下の3つの「顔」をもつものです。

①1950年代の天野「国民実践要領」をはしりとして1966年、中央教育審議会「期待される人間像」のなかでもいわれたような「天皇への敬愛の念」と不可分なものとしての「愛国心」

②1953年、池田・ロバートソン会談日本側議事録草案要旨に言う「自衛

のための自発的精神」、さらには防衛庁『1983年度防衛白書』などに言う「国を守る気概」としての「愛国心」

③1980年代、臨時教育審議会答申のなかであらためて強調された日本の「伝統・文化」の理解と尊重、それに基づく「日本人としての自覚」としての「愛国心」

ただし、日本教育会研修事業委員会編著『愛国心と教育』（87年）に「天皇制こそがわが国の伝統の中心である」とあるように、①と③は重なり合っています。

道徳教育と認識・感情 ーまとめにかえてー

戦前・戦時の修身教育は、あの「神代」の昔にはじまる「国史」（日本歴史）教育に見られるように、知育（真理教育）と切り離され、さらには知育をゆがめることによって成り立っていました。その反省に基づき、戦後の教育改革は、初期の公民教育構想をはじめとして、道徳的行為における認識の役割を重視し、知育と徳育、科学教育と道徳教育とを結びつけることを求めました。

いままた歴史教育の場合をはじめとして、真理・真実を覆い隠そうとする動きがあるなかで、知育と徳育、科学教育と道徳教育とを結びつけるという課題を再確認する必要があります。

ところで、道徳性は、「行動に高い水準における均衡をもった構造をつくりあげる知的能力と、その行動に高い目標をめざして方向づけを与える動力となる感情との二つの面が、道徳的な高さを保障するのである」という勝田守一の指摘（『能力と発達と学習』国土社、1964年）にもあるように、認識と感情との両面から成るものと考えられます。道徳教育、それも学校の道徳教育で、感情の問題はどのように考慮されてきたのでしょうか。

たとえば、社会科に即して道徳的行為における社会認識の重要性を強調した長坂端午は、なお残る問題として、道徳的判断の根底に求められる「人間的善意」はどうして養われるかを問い、「人間的善意は、人間的善意につつまれることによってのみ養われるものであろう」と述べています（日本社会科教育学会編『社会科と道徳教育』東洋館、1958年、他）。関連して筆者は、先に第2章で学校における道徳教育の基底としてあげた「見えないカリキュラム」の役割にも注意をうながしたいと思います。

それと同時に、私たちは「態度」に結びつくような認識とはどのようなものかを問う必要があります。それは、これまでも「価値感情を伴った知識」（小笠原英三郎「科学的認識と道徳性の発達」、雑誌『教育』1968年1月号）などの言葉でいわれてきたものです。

科学的であると同時に、実生活と結びついているという意味で現実的《リアル》な認識を通して子どもの感情にも働きかける。そこに子どもの感情の発達にかかわる学校の道徳教育の、一つの重要な筋道があるでしょう。

他方、文部科学省の推進する道徳の授業は、「心情主義」という言葉でも批判されてきました。そこでの認識と感情との関係を批判的に検討する必要があります。

第3章

安倍「教育再生」は「戦争する国」をねらう

俵　義文（子どもと教科書全国ネット21事務局長）

1　安倍「教育再生」がめざすもの

安倍政権がめざしている「道徳の教科化」は、安倍政権と自民党が推し進める「教育再生」政策の主要な柱の一つです。「道徳の教科化」の本質やねらいを批判するためには、安倍「教育再生」の内容とねらい、その問題点について検討する必要があります。

安倍政権は、「戦後レジーム（体制）」を解体して「強い国・日本」を実現すると声高に叫んでいます。「戦後レジーム（体制）」とは、1947年に制定・施行された日本国憲法による「国のかたち」・体制と教育基本法による教育体制を根幹にしていますが、安倍首相はこの二つの体制を攻撃して、第1次政権（2006年9月～07年8月）のときに教育基本法を改悪（「06年教育基本法」し、続いて憲法改悪をめざして改憲手続き法（国民投票法）を制定しましたが、約1年で政権を投げ出したために憲法改悪は実現できませんでした。安倍政権がめざす「強い国・日本」とは、9条をはじめとする憲法を改悪してアメリカとともに「戦争する国」に日本を変えることです。

第2次安倍政権（2012年12月～）は憲法改悪をめざし、憲法改悪と一体のものとして、憲法改悪後の「国のかたち」を先取りした「教育再生」政策を推し進めています。「教育再生」は、憲法とは相反する教育理念としての国家のための教育（「国家教育権」）を基本的立場として、それの具体化をめざしています（自民党改憲案は26条に「教育は国家のため」とする3項を追加）。

「教育再生」方針は、「国家教育権」の立場をより徹底し、教育の中央集権化と国家統制をあらゆる分野で徹底することをめざしています。本来、教育の目的は一人ひとりの子どもの「人格の完成」をめざすものであり、「人材（もの）」ではなく「人間」を育てることですが、彼らは子どもを「人材」としか見ていません。

安倍「教育再生」政策はつぎの二つの柱で進められています。

第1に、大企業（グローバル企業）のための人材（ひとにぎりのエリートと圧倒的多数の従順な労働者）を育成する新自由主義教育改革です。安倍首相は、「日本を世界でもっとも企業が活動しやすい国にする」として、グローバル競争に勝ち抜くために大企業・財界本位の政策（アベノミクス）を推し進めています。

第2に、「戦争する国」の人材、つまり「国防軍」（自民党改憲案で自衛隊は国防軍になる）の兵士とそれを支え戦争を支持する人びとを育成する新国家主義・新保守主義改革です。２０１４年7月1日、安倍政権は閣議決定によって、集団的自衛権行使容認や集団的安全保障による戦争への参加が可能だとする憲法解釈の変更を行ないました。今後、自衛隊法や有事立法などの関連法制を改悪して、「戦争する国・日本」をつくり上げようとしています。

2　自民党・教育再生実行本部

「教育再生」政策は、首相直属の教育再生実行会議と中央教育審議会（中教審）、自民党・教育再生実行本部などによって急ピッチで推進されています。

安倍首相は、２０１２年9月26日に自民党新総裁になってすぐに、党内に教育再生実行本部（以下、「実行本部」）の設置を指示しました。これを受けて、10月下旬に総裁直属の「実行本部」（下村博文本部長）が発足し、5つの分科会を設けました。分科会は、それぞれ「基本政策」（座長・遠藤利明氏）、「教育委員会制度改革」（座長・義家弘介氏）、「教科書検定・採択改革」（座長・松野博一氏）、「いじめ問題対策」（座長・馳浩氏）、「大学教育の強化」（座長・山谷えり子氏）のテーマを掲げ、本部長をはじめ座長（当時）は安倍総裁のお仲間の自民党文教族を中心とした構成になっています。

「実行本部」は10月24日、全体会・分科会の初会合を開催し、以後、毎週会議を開くという急テンポで教育改革案づくりに向けた集中的な議論（3週間で総計29回）を行ない、11月16日に「中間とりまとめ」を作成し、21日に発表して安倍総裁に提出しました。その間、自民党がめざす教育改革の「見通り図」というべき「教育関連法の改正案（義家議員試案）全体イメージ〔未定稿〕」という図解が作成され、11月13日の教育委員会制度改革分科会をはじめ、他の分科会にも配布されました。

全体会・各分科会には毎回、文部科学省（文科省）の課長級以上の官僚が4～7人参加し、さらに、衆議院法制局と参議院法制局の課長が出席しています。政権をとる前から法案化をめざして議論したことがうかがえます。

この「中間とりまとめ」は、ほとんどそのまま自民党の衆議院議員選挙（12年12月）、参議院議員選挙（13年7月）の自民党の「政権公約」の教育政策にスライドしています。

２０１３年12月の総選挙で自民党が大勝し、第2次安倍政権が発足しました。「実行本部」の下村本部長は文部科学大臣に就任し（後任の本部長は遠藤利明議員）、参議院から衆議院にくら替えして当選した義家議員は文科政務官になりました。さらに、09年の総選挙で落選して、12年選挙で復活当選したタカ派文教族の西川京子議員が副本部長に就任し(13年9月に文科副大臣に就任)、おなじくタカ派文教族で安倍首相の腹心の萩生田光一議員が安倍総裁特別補佐、「実行本部」・教科書検定の在り方特別部会の主査になっています。

「実行本部」の「中間とりまとめ」（12年11月）、「成長戦略に資するグローバル人材育成部会提言」（13年4月）は、教育再生実行会議の議論・提言に取り入れられ、教科書検定の在り方特別部会の「中間まとめ」（13年６月）は文科省の政策としてそのまま採用されています。

3　教育再生実行会議の提言とその具体化

安倍政権は「強い日本を取り戻すためには、教育の再生が不可欠」として、首相直属の「教育再生実行会議」（以下、「実行会議」）を２０１３年1月24日に設置しました。

「実行会議」のメンバーは、日本教育再生機構（「再生機構」）理事長で育鵬社版教科書の執筆者でもある八木秀次氏、沖縄戦の史実をゆがめる曽野綾子氏（13年11月に辞任）、「再生機構」に参加し育鵬社版教科書の採択を推進している全日本教職員連盟委員長（当時）の河野達信氏、知事時代に県立学校で扶桑社版教科書を採択させた加戸守行元愛媛県知事、下村文科相の元秘書官の尾崎正直高知県知事、下村文科相を政治献金などで支援する塾経営者の佐々木喜一氏などが名をつらねています。安倍首相と下村文科相の教育観・歴史観を共有する人たち（「お仲間」）を中心に構成されています。

「実行会議」は、２０１４年９月17日までに25回の会議をもち、第一次提言「いじめの問題等への対応について」（13年２月26日）、第二次提言「教育委員会等の在り方について」（４月15日）、第三次提言「これからの大学教育等の在り方について」（５月28日）、第四次提言「高等学校教育と大学教育との接続・大学入学者選抜の在り方について」（10月31日）、第五次提言「今後の学制の在り方について」（14年７月３日）を安倍首相に提出しました。

「実行会議」の提言の内容は、そのほとんどが「実行本部」の「中間とりまとめ」や、その後の「実行本部」の「提言」をもとにしたものです。

第一次提言に基づいて「いじめ防止対策推進法」がすでに成立し、「道徳の教科化」は中教審で審議されています。第二次提言に基づく「地方教育行政の組織及び運営に関する法律」（地方教育行政法）の改悪法は、６月13日に参議院本会議で可決・成立しました。第三次・四次提言の一部に基づく「学校教育法」と「国立大学独立法人法」の改悪法は６月20日に参議院本会議で可決・成立しました。

「実行会議」は、「学制の在り方について」（第14回から第24回／13年10月31日～14年７月３日）討議し、第五次提言をまとめました。このテーマは、新自由主義教育改革を具体化するものであり、多くの時間をかけて議論をしています。

4　事実上の「国定教科書」をめざす教科書制度改悪

安倍首相や自民党の教科書に対する認識は、「多くの教科書が自虐史観で偏向している」（自民党の選挙政策）というものです。下村博文文科相は、野党時代「日本の前途と歴史教育を考える議員の会」（「教科書議連」）の幹事長として、「再生機構」と「教科書改善の会」が開催した育鵬社版教科書発刊記念の「教科書改善シンポジウム・日本がもっと好きになる教科書誕生！」（11年５月10日）の席上、つぎのように発言しています。

「教育基本法も変わり、学習指導要領も全面改訂され、平成21年には文科省は新しい検定基準を示した。だから今度は立派な教科書ができるだろうと思っていたら、以前より悪い教科書になった」「歴史では、秀吉の朝鮮出兵を『朝鮮侵略』と書き、上杉鷹山や二宮尊徳が落ちている教科書がある。しかし育鵬社はすべて入っている」「今年（11年）の教科書採択では、日本人の常識に従った教科書が選ばれるべきである」と主張しました（「再生機構」機関誌『教育再生』２０１１年６月号）。

　このシンポジウムに参加して「特別挨拶」を行なった安倍晋三議員は、「安倍政権において60年ぶりに教育基本法を改正したことは私の誇りとするところである。特に『教育の目標』に『歴史と文化を尊重する』を書き込むことができた」「この新しい教育基本法の趣旨を最もふまえた教科書は育鵬社であると私は確信している」「現在シェアトップであり、60％のシェアを超える東京書籍は、とても教育基本法の趣旨を踏まえているとはいえない」「こうした『常識からかけ離れた教科書』が、東京書籍のように大きなシェアを持つのはおかしいという『常識』を、我々はこれから発信していこうではないか。みなさん、育鵬社が今夏の採択で大きな成功を収めるよう、一緒に頑張りましょう」（『教育再生』２０１１年６月号）と檄《げき》を飛ばしていました。

　また、安倍議員は、２０１１年の採択が終わり、育鵬社版が４％前後採択された「躍進」を讃えて、「再生機構」と「教科書改善の会」が開催した「育鵬社教科書の採択報告と懇親の夕べ」につぎのようなメッセージを寄せています。

「５月に開催されたシンポジウムでもご挨拶した通り、新しい教育基本法の趣旨に最もかなった教科書は育鵬社の教科書であると確信しております。その育鵬社の教科書が、今回、横浜市、沖縄八重山地区をはじめとして11都府県、私の地元の山口県岩国市も含め公立校では全国４０６校の採択となり、前回の扶桑社と比べて数倍から10数倍の採択の増加と聞いております。皆様、本当におめでとうございます」（『教育再生』11年10月号）。

　つまり、安倍首相や下村文科相などの教科書認識は、中学校では育鵬社（自由社も含む）、高校では右翼組織の日本会議が作成する明成社版の『最新日本史』以外はすべて教育基本法の趣旨を踏まえない、自虐史観や偏向した教科書であるということです。こうした認識に立って、安倍政権・自民党は、教科書の自虐史観や偏向をただすためとして教科書制度の改悪を進めています。

(1) きわめて拙速な審議による制度改悪

　自民党・「実行本部」の教科書検定の在り方特別部会（主査・萩生田光一自民党総裁補佐、筆頭副幹事長）が２０１３年６月25日に教科書検定と採択制度について

「中間まとめ」を出しました。それに基づいて11月15日に下村博文文科相が「教科書改革実行プラン」を発表しました。このプランは、教科書を編集、検定、採択の各段階において統制する内容です。

従来、国・文科省による教科書統制は、検定と採択を中心に行なわれてきましたが、今回はその統制を編集段階にまで踏み込ませるものであり、教科書検定制度の前提そのものを壊し、思想審査を制度化する改悪です。

この「中間まとめ」に基づく「教科書改革実行プラン」を受けて文科省が検定基準などの改定案を作成し、教科用図書検定調査審議会（教科書検定審議会）がたった2回の会議（11月22日と12月20日）で改定案を了承しました。改定案は自民党の特別部会案＝「教科書改革実行プラン」をそのまま追認したものです。文科省は、パブリックコメントの募集（12月25日〜1月14日）を行ないましたが、６５００件以上あった意見などは無視して1月17日に検定基準の改定を原案どおりに官報に告示しました。

告示後の２０１４年1月21日に私たちが文科省と交渉したとき、私は、①検定審議会での議論が2回だけであり、さらに、パブリックコメントの意見を検討することなく原案どおりに告示したのは拙速である、②「教科書改革実行プラン」およびそれに基づく検定制度改定は自民党の提案どおりであり、文科省としての主体性が何もない、ということを追及しました。

それに対して文科省は、①については、自民党は２０１２年の10月から「実行本部」で議論をしているので拙速ではない、十分議論は尽くしている、②については、政権政党の提案なのでその意見どおりに改定したのは何も問題はない、という恐るべき答弁をしました。

ここには、安倍政権のもとで、自民党に従属してその主張のままに教育行政を進める姿勢が明白であり、文科省としての主体的な理念も姿勢も皆無です。

(2)歴史わい曲教科書をめざす新検定基準

２０１４年1月に、異常な拙速さで改定・追加した小・中学校社会科と高校地歴科・公民科の検定基準はつぎの3つです。①は追加で、②と③は新設の基準です。

①未確定な時事的事象について、特定の事柄を強調し過ぎていたりしないこと。

②近現代の歴史的事象のうち、通説的な見解がない数字などの事項について記述する場合には、通説的な見解がないことを明示されているとともに、児童又は生

徒が誤解するおそれのある表現がないこと。
③閣議決定その他の方法により示された政府の統一的な見解又は最高裁判所の判例が存在する場合には、それらに基づいた記述がされていること。

①の「未確定」「特定の事柄」「強調」などは何をさすのか、だれが、何を基準に判断するのか、きわめてあいまいで抽象的な基準です。文科省は「判断するのは検定審議会」だといっていますが、これまでの検定の実態から見れば、実際に判断するのは文科省の常勤の役人である教科書調査官（検定官）です。判断する側が「特定の考え」に基づいて判断する危険性がつきまとう、歯止めのない規定です。これまでの自民党の選挙公約や安倍首相、下村文科相などの主張から見れば、「未確定な事象」「特定の事柄」は、南京虐殺事件（南京事件）や日本軍「慰安婦」、強制連行・強制労働など日本の侵略戦争・加害、植民地支配などの歴史の事実をさしていると推測できます。

②については、「何が通説か」「通説があるかないか」をだれが判断するのか、ということが問題になります。これも文科省の教科書調査官が恣意的に判断する危険性があります。ここでも、南京事件や「慰安婦」などの歴史の事実を排除するねらいが透けて見えます。

日本の戦争は侵略戦争ではなく自存自衛のアジア解放戦争である、南京事件や「慰安婦」は「事実ではない」「なかった」などの侵略・加害を否定する主張が、自民党や日本維新の会などの政治家や日本会議、新しい歴史教科書をつくる会（「つくる会」）、「再生機構」・「教科書改善の会」などの右翼勢力のなかにあります。たとえば、２０１３年９月29日から文科副大臣になっている西川京子議員（元「教科書議連」事務局長）は、２０１３年４月10日の衆議院予算委員会での教育問題の集中審議で、予算委員会を中継するＮＨＫのテレビカメラの前にもち込んだパネルを写させながら、つぎのように主張しました。

「今のいじめの問題から含めて、日本人の精神、道徳教育の必修化とともに、日本人の魂を育てる教育、それが一番大事なこと」「一番その根本にある、本当に、自分の国がすばらしい、そして、日本人としてこの地に、この島国に生まれてきてよかった、そういう思いをもっている子供たちが育っていかなければ、日本の将来はない。私は、この精神のところの根本的な教育、このことはやはり一番大事だと思う」「その問題に関して、学校現場で教えている教科書あるいは入試の状態、そういうのが、この戦後ずっと日本の教育界あるいは歴史学会を覆っていた自虐史観、反日思想、これが色濃くまだまだ出ている今の状況、これに大変憂慮を持っております」

このように歴史教育・教科書、歴史学会や入試問題の「自虐史観」、反日思想について嘆いて見せ、日本軍「慰安婦」問題についてつぎのように主張しました。

「従軍慰安婦」問題は、「当時の貧しさゆえのいわば売春、それは、日本が統治している時代の朝鮮においても、キーセン学校」「そういういわば風習というか、そういう制度は公にあった」「売春防止法、これの前までは公に当然認められていた、職業としてあったわけで、そういう中での、軍隊と一緒にそういう施設がついていったという中でのいわば売春の話、これが、いわばメディアの一つの造語のなかで、軍が関与して、略奪して、連れてきて、連行して性奴隷にしたというような大変ひどい話になっているのが、今の従軍慰安婦の、アメリカでの、韓国のいろいろなロビー活動の問題」「いわば単なる売春行為である、それは、いつの時代の戦争でも、どこの軍隊でもある話です。なぜゆえに日本軍だけがここまでおとしめられて言われなきゃいけないのか。

そういう現実がある中で、教科書にそういう問題を、まだ明らかに、政治的にも歴史学的にも決着もしていない問題を載せる、こういう問題、非常に問題だと思います」。

このように、西川議員は国会の場で、テレビカメラの前で公然と「慰安婦」は「売春婦」だったと主張し、日本軍にも政府にも責任はない、批判されるいわれはないと主張しています。そして、南京事件についてもその事実を否定してつぎのように言及しました。

「南京の問題は通常の戦闘行為以上でも以下でもなかった」「この南京の問題は、一九八〇年代、朝日新聞が大キャンペーンを張った中で、大きな政治問題として中国、韓国がこれを利用するようになった、これが実態です。ですから、この南京の問題、従軍慰安婦の問題は明らかに、通常の戦闘行為以上でも以下でもなかったという結論が実に正しいことだ、私たちはそういう結論を得ています。そういう結論が出ている問題を、あえて推論で教科書にたくさん載せる今の検定制度に、大変大きな疑問を持っております」(以上、衆議院国会議事録より)。

①と②はともに「バランスの取れた記述」を要求し、少数説も書けという基準です。これらの歴史的事実を教

科書に載せる場合は、「強調するな」「できるだけ目立たないようにせよ」というものであり、また、西川議員のような「なかった」という「説」を「少数説」として書かされる危険性のある検定基準です。さらに、「つくる会」系教科書の歴史をわい曲した内容も、そのまま容易に検定に合格させるねらいだと思われます。

③の閣議決定などの政府見解や最高裁判決に基づく記述を要求するのは、具体的には、領土問題で政府見解どおりの記述を求めるものです。たとえば、「北方領土や竹島は日本の固有の領土なのにロシアや韓国が不法に占拠している」「尖閣諸島は日本の固有の領土であり、領有権問題はない」などの記述を求めるものです。

さらに、戦後補償や「慰安婦」問題でも、韓国とのあいだでは、１９６５年の日韓基本条約で解決済み、中国とのあいだでは１９７２年の日中共同声明で解決済み、「慰安婦」の強制連行はなかったなどと書かせるねらいがあります。

政府が「原発は安全」と決めればそのとおりに教科書に書かされ、原発の危険性は書けなくなります。

安倍政権が解釈によって「集団的自衛権の行使が可能だ」と閣議決定したので、教科書に「憲法9条があっても集団的自衛権を行使して戦争ができる」と書かされることになります。

安倍政権は、13年12月に閣議決定した「国家安全保障戦略」のなかで、「わが国と郷土を愛する心を養う」と記述し、安保政策にまで愛国心養成を盛り込みました。これも閣議決定した政府見解として教科書に書くよう求められるようになります。

閣議決定や政府見解がいつも正しいわけではなく、これらはときどきの内閣の政治的判断で行なわれるものです。政府の一面的な考えだけが強調されることになり、政権が変わるたびに教科書の記述が変えられることになりかねません。この検定基準は教科書の内容の安定性をなくし、教科書を政府の広報誌に変えるものです。この新検定基準は、教科書発行者に「自主規制」を強制し、教科書を事実上の「国定教科書」に変質させるものです。

(3) 教科書会社にいいなりの教科書をつくらせる

文科省は、検定基準の改悪だけでなく、「教科書検定審査要項」（検定審議会の内規）を改定して、「教育基本法の目標等に照らして重大な欠陥があれば検定不合格とする」という全教科に適用する規定を追加しました。下村文科相は、２０１３年11月15日の記者会見で、「改正教育基本法の目標に照らして重大な欠陥があれば、個々の記述の適否を吟味するまでもなく不合格とする」と説明しました。「愛国心や道徳心が不十分」「伝統文化が不十分」「自虐史観」などの「重大な欠陥」があると判断すれば（見なせば）、申請図書の個々の内容を審査しないで不合格とする、というものです。

これまでの検定では、検定申請図書について、1ページから「個々の記述の適否を吟味」して、100ページ当たり80を超える検定意見がつけられると不合格とされました。この「新審査要項」では、「個々の記述」を審査しないで、全体として見て「目標に照らして重大な欠陥がある」と見なせば、不合格にできるということです。「朝日新聞」は「社説」（11月19日）で「教科書検定『重大な欠陥』の欠陥」という見出しで、この新制度を批判しました。

「重大な欠陥」の存否はだれが判断するのでしょうか。判断するのは検定審議会（実際は教科書調査官）ということですが、文科大臣や自民党の意見でも判断されることになりかねません。

申請図書の「どこが」「何が」欠陥かは審査しないで不合格にできるということなので、「何が欠陥かそれは秘密」として、容易に恣意的判断で不合格にできる、究極の思想審査によって「一発不合格」にする規定であり、出版社への萎縮効果・威嚇効果は絶大です。

現在の検定制度では不合格になっても、小・中学校教科書はその年度に、高校は翌年度に指摘された「欠陥箇所」を訂正して再提出できます。しかし、この新審査要項による不合格の場合は、「個々の記述」を審査しないために不合格の具体的な理由＝「欠陥箇所」が示されないので、訂正のしようがなく、再提出は不可能になります。教科書会社は、検定に申請する図書を作成するために数千万円の先行投資をします。不合格になって再提出もできないということになれば、その先行投資はまったく回収できなくなり、経済的な打撃は計り知れません。中小零細企業の多い教科書会社はこうした不合格によって倒産に追い込まれる危険性もあります。

出版社は「一発不合格」にならないために、どこまでも「自主規制」して、「にらまれる」ものは載せないようにする、文科省や政府・自民党の思いどおりの教科書をつくるしかありません。これは、出版社に究極の「自主規制」を要求するものです。その結果、すべての教科書の「育鵬社版化」「自由社版化」「明成社版化」が進むことになりかねません。

このような検定基準と審査要項の改悪・新設によって、教科書は限りなく「国定教科書」になる危険性がいっそう強まりました。検定基準は文科省令、審査要項は検定審議会の内規であり、国会での審議などなく、一方的に検定制度の改悪が行なわれました。この検定制度は、14年5月から行なわれている中学校教科書の検定から適用されています。

(4) 近隣諸国条項を骨抜き・無効化する

検定基準の「近隣諸国条項」は、近現代の歴史について、日本と近隣アジア諸国との関係について国際理解と国際協調を深める立場で書くことを求める条項です。

この条項は、1982年に文部省が教科書検定で日本の侵略戦争や植民地支配、加害の事実をわい曲していることがアジア諸国に知られ、中国・韓国をはじめアジア諸国から抗議され、外交問題になりました。鈴木善幸内閣の宮澤喜一官房長官（当時）は、「アジアの近隣諸国との友好、親善を進める上でこれらの批判に十分耳を傾け、政府の責任において是正する」という談話（「宮澤談話」）を出し、外交的解決をはかり、この談話に基づいて新たに追加された検定基準が近隣諸国条項（「近隣のアジア諸国との間の近現代の歴史的事象の扱いに国際理解と国際協調の見地から必要な配慮がされていること」）でした。その意味では、近隣諸国条項は日本政府のアジア諸国への国際公約であり、日本国民への公約でもあります。

下村文科相は、13年11月15日の記者会見で「(近隣諸国条項は）政府全体で対応する方針だが、取り組みは始まっていない」と述べていますが、安倍首相や下村文科相をはじめ、自民党は「近隣諸国条項を見直す」と主張し、選挙公約にも見直しを明記していました。

新検定基準や新審査要項は、日本の侵略・加害記述について検定で修正・削除させ、さらには不合格にすると同時に歴史をわい曲する記述（たとえば、南京事件や「慰安婦」否定説、沖縄戦「集団自決（強制集団死）」は軍の強制ではない、など）も検定で合格させるねらいです。このような新基準などによって近隣諸国条項は骨抜き・無効化され、見直されなくても機能しなくなり、事実上廃止されることになります。

事実、義家公介前文科政務官は、「再生機構」・「教科書改善の会」主催の「教科書改善シンポジウム・教科書が変われば、日本が変わる〜さらなる採択〝躍進〟に向けた集い～」（14年6月27日）で、新検定制度が「教育基本法の教育の目標に合致していることを求めているので、近隣諸国条項は実質的に撤廃されている」と発言しています。

安倍政権・自民党が、この近隣諸国条項の見直しを行なおうとしていることに対して、アジア諸国、とりわけ韓国・中国からの批判があり、見直しを行なえば外交問題に発展することは明らかです。そこで安倍政権は、見直しを先送りして、近隣諸国条項を骨抜きにして実質的な見直し（廃止）を行なおうとしているのです。これは、明文改憲がすぐにはできないので、憲法解釈を変更して集団的自衛権行使が可能だと閣議決定し、それに基づいて自衛隊法や有事法制などを一括改定して、事実上9条改憲を行なおうとしていることとおなじ手法です。きわめて姑息なやり方です。

5 教育委員会制度改悪や大学自治の破壊

(1) 地方教育行政の組織や運営に関する法律の改悪

成立した「改定地方教育行政法」（2015年4月施行）は、戦後の教育行政の重要なしくみの一つだった、政治から独立した教育委員会の機能を事実上解体し、首長が教育行政に介入できる制度に変えるものです。具体的には、教育委員長と教育長を一緒にした新教育長を教育委員会の責任者とし、首長が主宰する総合教育会議で教育の大綱的方針を決めます。新教育長の任期は3年（教育委員は従来どおり4年）とし、首長が任免するので、首長は教育長を通じて教育行政に介入できるようになり、教育の独立性が侵されます。

地方自治体の教育施策である「大綱」は首長が定めます。「大綱」は、政府の「教育振興基本計画」を参酌（参考）して定めることになります。「大綱」と教育行政の方針は、首長と教育委員会（教育長と教育委員）で構成する総合教育会議で協議して決めます。総合教育会議で調整され合意された事項は、首長と教育委員会は尊重しなければなりません。調整（合意）できなかった事項には首長も教育委員会も従う義務はありません。教育委員会の権限は、これまでより制限され、「大綱」に基づく教育事務（教科書採択、個別の教職員の人事など）の執行に限定されます。

国会審議のなかでは、教育委員会は首長と対等の独立行政機関であること、教育長は教育委員会の決定に従わなければならないことが確認され、これが、首長の教育行政への介入を防ぐ一定の歯止めになります。ただし、その実際の運用は地域の力関係によって大きく左右されることが予測されます。

教科書採択は、教育委員会の専権事項だとされていますが、教科書採択の方針については、総合教育会議で協議することは可能だとされています。また、教育委員会の同意がない事項でも、首長が「大綱」に書き込むことはできるとされています。したがって、首長が教育委員会との調整（合意）ができなくても、「教育基本法の趣旨に最もかなった教科書」「愛国心や道徳心、伝統文化などの教育に適した教科書」などと書き込むことは可能だということです。こうした「大綱」への書き込みを通じて、教科書採択に首長が介入してくる危険性は強まっています。

歴史をゆがめ、憲法を敵視する「つくる会」系教科書を支持する首長のいる地域では、容易に育鵬社や自由社の教科書が採択されてしまう可能性があります。

さらには、国・文科省がこれまで以上に地方教育行政に介入できるようになり、中央集権的な教育体制はいっそう強まることになります。

こうした危険性は強まりましたが、全国都道府県教育委員長協議会・教育長協議会連名の意見書や全国連合小学校長会・中学校長会連名の要望書、市民や研究者などの批判によって、教育委員会制度改悪反対の世論が高まり、国会審議ではいくつかの重要な歯止めがかけられました。

たとえば、教育委員会は教育行政の独立した執行機関として存続され、学校の設置や廃止、教育内容にかかわる事務や教科書採択、教職員の人事などの職務権限は首長が介入できない教育委員会の専権事項として残されました。また、首長と教育委員会の協議で合意しない事項は執行の義務は生じないので、教育委員会が教育の条理に立って教育施策を自主的に決めて進める立場で頑張れば、教育内容に対する首長の介入を食い止めることができます。そして、合議体としての教育委員会が「意思決定を行なう」執行機関であり、教育長に対するチェック機能を強化することも確認されました。教育委員がこれを活用して、首長と深い関係になる教育長の専横を許さないように活動することが求められます。

さらに、国会審議では、「地域住民の視点に立ったチェック」「地域住民の意向の反映」「地域住民に開かれた教育委員会」が求められ、文科省が7月17日に発出した「施行通知」でも確認されています。この点からも、地域住民が教育行政を民主的に監視し、傍聴や請願・陳情の提出などによって、意思を反映させるとりくみ、教育行政への住民参加の活動など、住民運動がこれまで以上に重要になります。

(2)学校教育法と国立大学独立法人法の改悪

改定された「学校教育法」と「国立大学独立法人法」(ともに2014年6月20日参議院で可決・成立、2015年4月1日施行)は、教授会から教育研究と大学運営を中心とする重要事項の審議決定権限をうばい、教授会を学長の諮問機関にして形骸化し、学長の独裁体制をつくり、学問の自由、大学の自治を破壊するものです。また、学長選出について、多くの国立大学で実施されている大学構成員の意向投票などを廃止し、委員の半数を学外者で構成する学長選考会議が定める基準によって学長を選考することになります。さらに、国立大学の経営協議会は委員の過半数を大企業経営者や地元自治体の首長など学外者にするとしています。新自由主義改革によって大学のスクラップ・アンド・ビルドを推進するためにも、教授会が学校運営に参加できないようにするねらいがあります。

6 エリート教育と従順な労働者づくりのための「学制改革」

「実行会議」は2014年7月3日の第24回会議で、「学制改革」に関する「第五次提言」をまとめて安倍首相に提出しました。提言は、①学制の柔軟化、②教員改革、③教育財政の3本柱です。具体的には、つぎのような内容です。

①「小中一貫教育学校」(仮称)を制度化し、現行の小学校6年、中学校3年の「6・3制」を、市区町村の判断で「4・3・2制」「5・4制」など地域の状況に合わせて決められるようにする。
②小・中学校両校、中学・高校両校など複数校種で指導ができる教科免許状を新設する。
③実践的な職業教育をする高等教育機関を創設。
④3~5歳児の教育を段階的に無償化(5歳児からの義務教育化)。
⑤短大や専門学校からの大学への編入、大学間の転学拡充、大学への飛び入学のための高校早期卒業の制度化。

この「学制改革」は、安倍「教育再生」政策の一方の本命である新自由主義改革の目玉であり、「再生会議」は第14回から第24回まで11回もかけて議論してきました。これまで以上に、子どもを早い段階から競争させ、エリート教育、差別・選別教育を推進するものです。

これは、一方で、大企業や国家のために役立つひとにぎりのエリート育成に多くのお金をかける教育を行ない、他方で、圧倒的多数の「できない子」には実直・従順な精神だけを植えつける教育を推進する。そのために、全国一斉学力テストによって、エリートとそうでない子を選別するというものです。小学校と中学校を統合した「小中一貫校」、さらに、エリート教育や企業に役立つ最先端技術などを研究する大学だけを残し、他の大学は「実践的な職業教育をする高等教育機関」に変えてしまう、ということをめざしています。

下村文科相は「必要な財源を確保し環境整備を図った上で実行する」とし、文科省は２０１５年の通常国会で学校教育法などを「改正」し、早ければ２０１６年度から小中一貫校制度化をめざす、としています。

7　国家が子どもの心まで管理する道徳の教科化

(1) 道徳の教科化への文科省などの動き

先ほど紹介したように「実行会議」は第一次提言「いじめの問題等への対応について」（13年2月26日）をわずか2回の2〜3時間程度の会議でまとめました。この「提言」は、いじめ問題の原因や背景についての科学的な分析はなく、いじめの原因を子どもの心の問題、規範意識の欠如だとし、道徳の教科化、『心のノート』などによる道徳教育の強化を主張しました。この「提言」に基づく「いじめ防止対策推進法」が可決・成立し（13年6月21日）、自治体に「いじめ防止条例」制定が義務化されました。

今回の道徳の教科化の発端になったのは大津市皇子山中学校での「いじめ自殺」ですが、同校は文科省の道徳教育推進指定校であり、『心のノート』を使った道徳教育を熱心にやっていました。いじめを子どもの道徳心、規範意識と家庭の問題に矮小化して、家庭や教職員に責任を押しつけ、道徳教育強化に利用する「提言」といえます。大津のいじめ問題での第三者委員会の調査報告は「道徳教育や命の教育の限界についても認識を持ち、むしろ学校の現場で教員が一丸となった様々な創造的実践こそが必要」と指摘していますが、「提言」はこれを無視しています。ところが、この「提言」を受けて文科省は、つぎの学習指導要領の改訂を待たずに、２０１５年にも道徳を正規の教科にする検討をはじめました。

第1次安倍政権は、２００７年、教育再生会議の提言に基づいて道徳の教科化を中央教育審議会に諮問しましたが、中教審は「実現困難」として見送りました。

今回は、安倍首相直属の「実行会議」が道徳の教科化を提言し、これを受けて、下村文科相が私的諮問機関として「道徳教育の充実に関する懇談会（有識者会議）」を設置しました。この有識者会議のメンバーは、自由社版や育鵬社版教科書の採択をすすめた横浜市教育委員長の今田忠彦氏、教科化を主張する「再生機構」理事の貝塚茂樹氏、同関係者の細川珠生氏、同関係者で元文科省教科（道徳）調査官で『心のノート』編集協力者・推進者の押谷由夫氏、『心のノート』作成協力者の白木みどり氏、タカ派で知られる元文科省事務次官の銭谷眞実氏など、安倍・下村人脈で構成されています。会議で審議する前から結論は見えていました。座長の鳥居泰彦氏は13年4月4日の初会合で「戦前の修身はあまり間違いはなかった」と発言しています。

下村文科相は有識者会議の初会合で「6年前にも教科化は提言されたが残念ながら頓挫した。今回は必ず教科化に資する議論をしてもらいたい」と強調し、6年前のリベンジだということを広言しています。「実行会議」の提言をすぐに中教審に諮問しないで、前述のようなメンバーの有識者会議に先に議論させて教科化の方向を出させたのは、中教審でひっくり返させないための「戦略」だったのです。

２０１３年12月26日、文科省・有識者会議は、道徳の教科化についての「報告書」を下村博文文科相に提出しました。その内容は、①道徳を「特別の教科」に格上げして正規の教科に、②検定教科書をつくる、③数値評価は不適切だが、評価は重視する、④家庭への働きかけを強化し、意識向上をはかる、という内容です。これを受けて文科省は、中教審に諮問し、15年度から一部で実施し、早ければ18年度から全面実施するとしています。

①の「特別の教科」に格上げするというのは、道徳教育を教科教育の上に置く、学校でのあらゆる教育活動の最上位に位置づけるということであり、これは、戦前の修身とおなじ位置づけです。②の検定教科書をつくるこ

とも重大な問題です。これは、国家が国定の価値観を教科書に盛り込み、教育に押しつけることになります。日本国憲法体制のもとでは容認されないものです。③は、仮に数値評価はしなくても、評価を行なう以上は子どもの心を評価・管理することになり、子どもたちはよい評価を得るために、心にないことを言ったり、行動したりするようになり、心が分裂していく危険性はきわめて大きいといえます。④についても、道徳教育を理由に国家が家庭にまで介入する制度をつくることになります。

道徳の教科化について、「毎日新聞」の社説（14年1月12日）は、教科書検定基準の改定と関連させて、つぎのように指摘しています。

「教科書検定基準が改められ、『よりバランスの取れた記述』を求められるうえ、教育基本法の目標に照らし『重大な欠陥』があれば不合格となる。道徳の場合、『バランス』『規範』を意識するあまり画一的で『無難』な素材選びや記述に傾きはしないか」

一方、文科省は同日に『心のノート』の全面改訂版の書名を『わたしたちの道徳』（小学校1・2年と3・4年）、『私たちの道徳』（小学校5・6年、中学校）として、2014年度の新学期前に全国の小中学生全員に配布すると発表しました。2月14日、下村文科相は記者会見で『私たちの道徳』を公表しました。全小中学生用に1000万部作成し、配布も含めた経費は約9億8000万円とされています。

有識者会議の「報告書」は、検定教科書ができるまでは、この『私たちの道徳』を教科書として使う、また、現在教材会社や教科書会社が発行している道徳の副読本も併用するとしています。さらに、検定教科書ができた後も、『私たちの道徳』は検定教科書と併用して使うと主張しています。『私たちの道徳』は、まさに「国定道徳教科書」として機能するものです。

この報告を受けて下村文科相は、2月17日、道徳を「特別な教科」として正規の教科に格上げすることについて、14年秋までに答申をまとめるよう中教審に諮問しました。中教審は3月4日、教育課程部会に道徳教育専門部会を設けて、月1～2回のペースで会議を行なってきました。

中教審・道徳教育専門部会は、2014年9月19日、道徳を「特別な教科　道徳」として格上げし、正規の教科にするという答申案をまとめ、9月24日、中教審・初等中等教育分科会は、この道徳を教科化する答申を了承しました。そして、9月30日の中教審の総会で原案のまま大筋了承されました。

答申の主な内容は、①道徳教育は「教育の根本理念の中核をなす」と強調して、道徳を「特別な教科 道徳」として正規の教科に格上げして道徳教育を義務化する、②国が検定基準を定める検定教科書を作成・使用する、③「数値などによる評価は行なわない」が、指導要録に記述式の欄を設けるなどして評価を行なう、④授業は原則学級担任が担当する、⑤授業時数は当面は週1コマ(年間35時間)とする、⑥道徳教育推進リーダー教師を設置する、というものです。報道によれば、道徳の教科化について専門部会では目立った反対意見はなかったということです。

道徳教育の目標について、「道徳的な心情を涵養する」としてきた従来の姿勢を転換し、「正直・誠実」「公平・公正・正義」など特定の価値観を例示し、「道徳的判断を行い実践する」ところまで踏み込んだ指導を求める、としています。いじめ問題への対応として「課題解決的な指導」や「規範意識」を強調し、「情報モラル」「生命倫理」などもあげています。校長のリーダーシップのもと、「道徳教育推進教師」を中心に、全教員が責任を分担して授業実践を行なうなど、全校をあげて道徳教育を推進することを強調しています。現在「道徳の時間」がない幼稚園、高校、特別支援学校でも、道徳教育の導入を提案しています。

道徳教科書の検定は、国家が定めた道徳の検定基準に基づいて行なわれます。これは、国家が定めた(認めた)徳目(価値)が唯一正しいもの、必ず実践しなければならないものとして、教育・子どもたちに強制されることになります。さらに、数値によらないとはいえ、子どもの作文やノート、発言、行動などをもとにして「道徳教育の成果として行動面にあらわれたものを評価する」として、子どもの考え方から行動まで全面的に評価の対象にする方針を示しています。検定教科書の発行や評価は、憲法が定める「思想・良心の自由」や子どもの権利条約を踏みにじって、国家が定める「愛国心」「公共の精神」などの徳目・価値観を押しつけるものです。

(2)道徳の教科化がめざすもの

道徳の教科化については、戦前・戦中の修身の復活につながるとして、これまでも強い反対がありました。修身は、軍国主義・超国家主義教育の中心教科だったとして、戦後に廃止されています。今回の道徳の教科化が単純な復古的修身への回帰とはいえないとしても、大きな問題がいくつもあります。

２００６年に第1次安倍政権によって制定された教育基本法は、第2条「教育の目標」に「愛国心」「道徳心」「公共の精神」「伝統文化」など20もの国定の徳目を定めています。この教育基本法に基づいて08年に改訂された学習指導要領は、戦前の修身と同様に道徳を教科教育の上に置き、週1時間の道徳の時間だけでなく、すべての教科で道徳教育を行なうことを明記した「道徳・愛国心」学習指導要領です。この指導要領によって、教科の道徳化が進みました。そして、すべての教科書に対して、「道徳心・愛国心」など教育基本法第2条の徳目を盛り込むことが求められています。道徳が正規の教科になれば、道徳教育はこれまで以上に上位教科と位置づけられ、愛国心などの教育が強制されることになります。

国が検定する教科書をつくるということは、何が道徳的に正しいかを国が決めることになり、道徳教育の最終目標は愛国心であり、国に役立つ人間になれということになります。事実、右翼団体・日本会議の要求で、文科省が作成して小中学生全員に配布した『心のノート』は、最後は愛国心の涵養に導くようになっています。この目標は『私たちの道徳』も同様です。

道徳の検定教科書は、国家が求める特定の価値観を教科書に盛り込んで、子どもたちに強制することにあります。さらに、検定教科書ができるまで『私たちの道徳』を教科書として使うとしているのは、『私たちの道徳』を国定教科書にするということであり、これもまた重大な問題です。貝塚茂樹氏は、『私たちの道徳』は今後つくられる道徳の検定教科書のモデルになると主張しています（「再生機構」機関誌『教育再生』14年4月号）。

貝塚茂樹氏は道徳教育における徳目（価値）について、つぎのように主張しています。

「道徳教材の内容は、当然、教育基本法や学習指導要領に示されている価値に関するものになるわけですが、今回の『私たちの道徳』で気になったのは、価値が並列的に構成されている点です」「教育勅語でさえ12の徳目しかない」のに、「教育基本法には30もの徳目（価値）が、学習指導要領には40を超える価値が列挙されています」「学校の道徳の時間で、これらの価値を並列的に取り扱おうとしても無理です」「価値には中核的価値と周辺的価値とがある」「中核的価値というものを明確にして」「学校では、まず中核的価値をしっかり学ばせることを重視すべきだと思います」「2年前に私たちが出した『13歳からの道徳教科書』（育鵬社刊、文科省が『私たちの道徳』の参考にしたといわれる）は『清明心』を中核的価値として置きました。正義、正直、慈悲などこれだけは最低限教えるべき価値の厳選作業が必要だ」（日本会議機関誌『日本の息吹』２０１４年６月号）。この主張は、前述の中教審の「道徳の教科化」の答申に反映されています。

「清明心」というのは、日中戦争をはじめた１９３７年に文部省が、当時の「国体明徴」（日本は万世一系の天皇を中心とする国＝「国体」を国民に徹底する）の思想的主軸として『国体の本義』を発行しましたが、そこに「清明心」が登場します。そこでは、日本人は「天皇の臣民という類のない国民性をもつ」と宣伝され、「清明心」は特別の意味をもつとされ、「身を捨てて国に奉ずる心」とされていました。教育勅語の「一旦緩急あれば義勇公に報じ」「天壌無窮の皇運を扶翼せよ」、つまり、いざ戦争になれば天皇のために命を投げ出すのが日本人として最高の道徳である、というのが「清明心」です。これを、今日の道徳教育の「中心的価値」として子どもたちに教え込もうというのです。まさに、「戦争する国」の人材育成のために道徳を教科化するねらいがあけすけに語られています。

２００２年に福岡県や埼玉県で「愛国心通知表」が使われていることが問題になったことを考慮してか、５段階評価のような点数による評価はしないで、記述式による評価を行なうとしています。しかし、方法はどうであれ、道徳を評価するということは、子どもの心に踏み込んで、そのありようを評価することであり、憲法19条の「思想・良心の自由」や子どもの権利条約を侵害する恐れが大です。心、内面が評価されることになれば、子どもたちは高い評価を得るために、自分を偽って行動するようになり、子どもたちの心は分裂させられてしまうことが危惧されます。

8　教育再生推進法案とは何か、何をねらうのか

安倍政権の「教育再生」は、新自由主義と新国家主義を結合した政策を推進するものです。それは、大企業のための人材と「戦争する国」の人材をつくることをめざすものです。政府・自民党は、このような国づくりのための教育を推進するために、関連する法案をつぎつぎに国会で成立させ、それを実行していくために教育再生推

進法の制定をめざしています。
２０１４年5月7日、自民党・「実行本部」は「教育再生推進法案（仮称）」の骨子を公表しました。法案骨子は、当初めざしていたような教科書統制などについては直接触れず、「適正な教育課程の実施」という形でやや抽象的に触れるだけです。また、当初に盛り込むとしていた学習指導要領の位置づけについてもとりあげていません。しかし骨子は、「教育基本法に掲げる教育目的及び理念に基づく改革を一層推進することによる教育の再生を図ることが重要である」として、そのために、国、地方自治体、学校、教職員、保護者、地域住民にそれぞれの責務と役割を果たすことを求めるものとなっています。自民党改憲草案と同様、国民全体に「教育再生」への協力義務を規定するという大変な問題を含んだ法案です。

そのうえで、学校規模の適正化(学校統廃合の推進)、学校制度（6・3・3・4制）の改変と多様化、幼児教育無償化（義務化）、教職員の人事管理、ＩＣＴ教育やグローバル人材育成の推進など、これまで自民党の政策として出されていた諸政策を積極的に推進する方向を打ち出しています。

そして、こうした「教育再生」政策を推進する体制を整備・確立するとしていますが、これは首相直属の「教育再生実行会議と同様の所掌事務（教育再生に関する施策で重要なものに関する調査審議等）及び構成員（内閣総理大臣、官房長官、文部科学大臣、有識者）」を想定したもので、政権やそれに近い有識者（お仲間）によって教育の基本的な方向性を定める体制である「実行会議」に、法的な根拠づけを行なうことがねらいだと思われます。

第4章

安倍教育政策にどう立ち向かうか

俵　義文（子どもと教科書全国ネット21事務局長）

「道徳の教科化」は大企業と「戦争する国」の人材育成

安倍政権と自民党は「強い日本を取り戻すためには、教育の再生が不可欠だ」として、「教育再生」政策を強引に推し進めています。安倍政権が進める「教育再生」とは何でしょうか。

「再生」というのは、「元々あったものがだめになっているのでつくり直す」といった意味です。では安倍政権がいう「教育の再生」とは、何がだめになっていて、何を「再生」するのでしょうか。安倍首相は、「戦後レジーム（体制）」（１９４７年制定・施行の日本国憲法と教育基本法による体制）からの脱却が必要だとも主張しています。侵略戦争の深刻な反省をもとに憲法・教育基本法がめざす平和と民主主義の体制が「戦後レジーム（体制）」です。安倍政権は、この体制から脱却して、「国のかたち」を大きく変えることをめざしています。「戦後レジーム」から脱却して「再生」する元の教育（体制）とは、戦前・戦中の体制を意味するとしか思えません。

戦前・戦中の日本の教育は、強力な中央集権のもとで、教育勅語と国定教科書によって、子どもたちは、天皇・国のためにすすんで命を投げ出す「道徳心」「愛国心」をもった「軍国少年・少女」に育てられました。国定教科書のなかでは、修身・国語・国史・地理が重要な教科とされ、そのなかでとくに修身が特別な教科として一番上に置かれていました。その修身の教科書では、「日本　よい国、きよい国、世界に一つの　神の国。日本　よい国、強い国、世界にかがやく　えらい国」と、日本が「神の国」「強い国」であり、天皇（国家）に忠義を尽くすことが最高の道徳だと教え込みました。

下村博文文科相は、「教育勅語にはよいことが書かれている」と礼賛し、その内容を副教材にしてもよいと主張しています。教育勅語には、親に孝行、友人や兄弟は仲良くなどの徳目があります。それらは一番重要な徳目である、「いざという時（戦争など）に自分の生命を犠牲にして国・天皇のために尽くす」ために身につけるべき徳目（価値）でした。

「教育再生」は、これをそのまま復活させるということではありません。しかし、国定の徳目（価値）を20も定めた2006年教育基本法第2条が、教育勅語に取って代わり、教科書は事実上の国定化が進み、教育委員会制度が改悪されて中央集権化が進んでいます。そうしたなかで、道徳が「特別の教科」として正規の教科になり、全教科の上位に位置づけられれば、それは「修身」とおなじ役割を果たすことになります。

安倍政権は、「日本を世界で最も企業が活動しやすい国にする」として、大企業＝グローバル企業（多国籍企業）が国民を犠牲にして大儲けする経済政策を推し進めています。原発の再稼働や輸出、武器の輸出、大企業減税と消費税10％引き上げ、TPP参加、残業量ゼロといった労働法制改悪、などです。他方では、憲法9条を壊して、集団的自衛権の行使が可能だと閣議決定し、日本がアメリカと一体になって、海外で「戦争する国」になることをめざしています。そして、これらの政策を進めるために、グローバル競争に勝ち抜く「企業戦士」と「戦争する国」の兵士、およびそれを支持する国民を教育によってつくろうとしています。これが安倍政権の「強い国をめざす」という「教育再生」政策です。

自民党と安倍政権は、「戦争する国」の兵士や国民には当然愛国心が必要だといい、さらに、グローバル競争をたたかう企業戦士にも愛国心が必要だと主張しています。自民党と安倍政権や文科省は、正規の教科化をめざす道徳教育の中心は愛国心教育であると主張し、すでに学習指導要領にはそのように明記されています。

このような道徳教育＝愛国心教育を進めるために、教科書検定制度を改悪し、安倍政権や自民党の考えに合わない教科書は不合格にするしくみをつくりました。さらに、教科書は閣議決定などの政府の見解に基づいて編集することが強制されるようになりました。これは、事実上の「国定教科書」づくりをめざすものです。

また、教育委員会制度を改悪するなど、いろいろな面で政治が教育に支配・介入できるような「教育再生」政策を強行しています。

子どもたちに対しては、全国一斉学力テストなどでこれまで以上の競争教育を押しつけ、差別・選別政策を推し進めます。そして、それによって生まれる子どものストレスや「荒れ」などを「ゼロ・トレランス（不寛容）」政策によって、「道徳教育」の強化と厳罰主義によって抑え込み、国家や大企業に従順に従う子どもを育成することをめざしています。競争教育と道徳教育は車の両輪です。「道徳の教科化」のねらいはここにあります。

安倍「教育再生」をストップさせる運動を！

安倍政権の暴走はますます激しくなり、とくに教育分野の暴走は急テンポで進んでいます。安倍「教育再生」政策は、以上のように多国籍企業＝グローバル企業の人材育成と「戦争する国」の人材育成をめざすものであり、そして、教育・教科書をそのための道具にするものです。

しかし、安倍政権と国民との矛盾は拡大しています。安倍政権のアキレス腱である靖国参拝や「慰安婦」問題などの歴史認識問題では、国民はもちろん国際社会との矛盾が深まっています。13年12月6日に秘密保護法を強行成立させましたが、すぐに「秘密保護法」廃止へ！実行委員会が発足し、たたかいは継続しています。憲法改悪反対、脱原発、消費増税・TPP反対、社会保障改悪反対、労働法制改悪反対、「慰安婦」など歴史認識にかかわる運動などは、各地で、そして全国的に大きな運動が進んでいます。

とくに、14年7月1日、安倍内閣が憲法9条のもとでも集団的自衛権の行使が可能だと解釈を変更する閣議決定を行なって以降、「戦争する国」に反対する世論と運動は大きなうねりになってきています。9月29日の臨時国会開会日には、「安倍政権の暴走を止めよう！」の一点で、さまざまな団体・個人が、それぞれの要求をもち寄って、「国会包囲共同行動」を展開しました。

「道徳の教科化」や安倍「教育再生」政策反対の運動は、こうした諸課題の運動と連帯してとりくむ必要があります。この運動も、各地で学習会や集会など草の根のとりくみが広がっています。まず何よりも、安倍「教育再生」の危険な内容を多くの人に知らせていくことが重要です。そして、安倍政権の暴走に反対するさまざまな団体・個人と連帯・連携・共同して、安倍「教育再生」反対のたたかいを進めれば、必ず道は開けてきます。

巻末資料❶『私たちの道徳』にある一つの価値へ誘導する項目一覧（＊は、重点ページ類）

自分自身に関すること	他の人とのかかわりに関すること	自然や崇高なものとのかかわりに関すること	集団や社会とのかかわりに関すること
■内容の柱　小学校1・2年			
自分を見つめて　4／16	人とともに　4／16	いのちにふれて　3／16	みんなとともに　5／16
①きそく正しく気もちのよい毎日を ★生活をふりかえってみよう	①気もちのよいふるまいを ★せかいの「こんにちは」「ありがとう」	①いのちを大切に ★生きているってすばらしい	①やくそくやきまりをまもって ★きまりカルタ
②自分でやることはしっかりと	②あたたかい心で親切に	②生きものにやさしく	②はたらくことのよさをかんじて
③よいと思うことはすすんで ★してはならないことがあるよ	③ともだちとなかよく	③すがすがしい心で	③家族のやくに立つことを
④すなおにのびのびと	④お世話になっている人にかんしゃして		④学校の生活を楽しく
			⑤ふるさとに親しみをもって
■内容の柱　小学校3・4年			
自分を高めて　5／18	人と関わって　4／18	命を感じて　3／18	みんなと関わって　6／18
①よく考えて節度ある生活を ★自分を見つめ、自分を生かそう	①だれに対しても真心をもって	①命あるものを大切に ★たった一つの命つながる命	①社会のきまりを守って ★みんなが守らなくてはならないきまりがある
②やろうと決めたことは最後まで	②相手を思いやり親切に	②自然や動植物を大切に	②働くことの大切さを知って
③正しいことは勇気をもって	③友達とたがいに理解し合って ★ささえ合い助け合い「合い」の力で心と心をつなげよう	③美しいものを感じて	③家族みんなで協力し合って ★共に助け合って生きる
④正直に明るい心で	④そんけいと感謝の気持ちをもって		④協力し合って楽しい学校、学級を
⑤自分の良い所をのばして			⑤きょう土を愛する心をもって
			⑥伝とうと文化を大切に
			＊コンピュータやけい帯電話などをどのように使えばよいのでしょうか
■内容の柱　小学校5・6年			
自分をみがいて　6／22	人とつながって　5／22	命をいとおしんで　3／22	みんなとつながって　8／22
①節度、節制を心がけて	①礼儀正しく真心をもって	①自他の生命を尊重して ★かけがえのない命	①法やきまりを守って ★社会で生きる一人として守らなくてはならないこと
②希望と勇気をもってくじけずに ★夢に向かって確かな一歩を	②相手の立場に立って親切に ★分かり合うこと支え合うこと	②自然の偉大さを知って	②公正、公平な態度で

③自律的で責任ある行動を	③たがいに信頼し、学び合って	③大いなるものを感じて	③自分の役割を自覚して ★集団における役割と責任
④誠実に明るい心で	④けんきよに、広い心をもって		④公共のために役立つことを
⑤進んで新しいものを求めて	⑤支え合いや助け合いに感謝して		⑤家族の幸せを求めて
⑥短所を改め、長所をのばして			⑥より良い校風を求めて
			⑦郷土や国を愛する心を ★国家・社会の一員として
			⑧世界の人々とつながって
			＊情報社会に生きる私たち ＊自分を見つめ豊かに生きる

■内容の柱　中学校

自分を見つめ伸ばして　5／24	人と支え合って　6／24	生命を輝かせて　3／24	社会に生きる一員として　10／24
①調和のある生活を送る	①礼儀の意義を理解し適切な言動を	★生命を考える ①かけがえのない自他の生命を尊重して	①法やきまりを守り社会で共に生きる ★一人一人が守るべきものがある
②目標を目指しやり抜く強い意志を	②温かい人間愛の精神と思いやりの心を	②美しいものへの感動と畏敬の念を	②つながりをもち住みよい社会に
③自分で考え実行し責任をもつ	③励まし合い高め合える生涯の友を	③人間の強さや気高さを信じ生きる	③正義を重んじ公正・公平な社会を
④真理・真実・理想を求め人生を切り拓く	④異性を理解し尊重して		④役割と責任を自覚し集団生活の向上を
⑤自分を見つめ個性を伸ばす ★自分を深く見つめて	⑤認め合い学び合う心を		⑤勤労や奉仕を通して社会に貢献する ★社会に目を向け、社会と関わり、社会を良くする
	⑥人々の善意や支えに応えたい ★支え合い共に生きる		⑥家族の一員としての自覚を
			⑦学校や仲間に誇りをもつ
			⑧ふるさとの発展のために
			⑨国を愛し、伝統の継承と文化の創造を ★日本人としての自覚をもって真の国際人として世界に貢献したい
			⑩日本人の自覚をもち世界に貢献する
			＊情報社会の光と影 ＊あなたの身近にいじめはありますか
項目数20／79	19／79	9／79	31／79

巻末資料❷ 『私たちの道徳』でとりあげている著名な人物と格言（著名な人物の文章などを省く）

柱*1	項目	項目の概要*2	氏名	欄*3	言葉あるいはタイトル
■小学校1・2年					
1	3	よい事悪いことの区別	武者小路実篤	格言	いいと思ったことはどんな小さいことでもするがいい
2	3	友達と仲よく助け合う	フリードリヒ・フォン・シラー	格言	友じょうはよろこびを二倍にしかなしみを半分にする
					計2名
■小学校3・4年					
1	2	粘り強くやり遂げる	澤穂希	コラム	夢は見るものではなく、かなえるもの
	5	自分の特徴 よい所を伸ばす	マリー・キュリー	ワークシート（人生の先輩に学ぼう）	自分は何かに才能があるのだということを信じましょう
			手塚治虫		“だめな子”とか“悪い子”なんて子どもは一人だっていない
			俵万智		いろいろなことにちょう戦して自分らしい表現方法を見付けて
			千住真理子		ダイヤモンドは何回も何回もきず付きみがかれて美しいかがやきを放つんだよ
2	2	思いやり・親切	良寛	ワークシート	人との関わりの基本にあるのは思いやり　日本の文学作品から
			オスカー・ワイルド		外国の文学作品から
			ロンドンオリンピック競泳男子メドレーリレーチーム	重点ページ	ささえ合い助け合い「合い」の力で心と心をつなげよう
3	2	自然や動植物を大切に	牧野富太郎	コラム	植物と共に生きた人
4	2	働くことの大切さ	天野篤 小篠綾子 井深大	人物コラム	働くすがたが、かがやいている人たち
	5	郷土の伝統と文化 郷土を愛する心	石川啄木	コラム	ふるさとを愛した歌人
	6	わが国の伝統と文化 国を愛する心 外国の人々や文化に関心	小泉八雲	人物コラム	日本の文化にひかれて
					計13名＋1チーム
■小学校5・6年					
1	1	生活習慣 節度節制	ワンガリ・マータイ	コラム	「もったいない」を世界共通の言葉に
	2	希望と勇気 努力	内村航平	コラム	希望と勇気が夢に近づく力になる
			豊田佐吉	コラム	目標に向かって努力を重ねた人たち

			森光子 向井千秋	コラム	目標に向かって努力を重ねた人たち
			イチロー	重点ページ	夢に向かって確かな一歩を
	3	自由 自律的で責任ある行動	ピタゴラス	格言	自制心のない者に自由はない
			福澤諭吉	格言	自由とわがままとの界は他人のさまたげをなすとなさざるとの間にあり
	4	誠実　明るい心	吉田松陰	格言	至誠にして動かざる者はいまだこれ有らざるなり
			夏目漱石	格言	自分に誠実でないものは決して他人に誠実であり得ない
	5	真理 工夫して生活をよりよく	中村勘三郎 マリー・キュリー 池田菊苗	コラム	新しいものを求めるということ
	6	自分の特徴　悪い所を改め よい所を積極的に伸ばす	礼記	格言	玉みがかざれば光なし
			ラポック	格言	去年の自分より今年の自分がすぐれていないのは、立派なはじなのである
2	2	思いやり・親切	相田みつを	重点ページ	分かり合うこと支え合うこと　詩「めぐりあい」
	3	信頼　友情 男女仲よく	ジョージ・ワシントン	格言	友情は成長のおそい植物である。それが友情という名の花をさかす前に、幾度かの困難な打撃にたえなければならない
			ラ・ロシュフコー	格言	友人に不信をいだくことは、友人にあざむかれることよりももっと恥ずべきことだ
	5	感謝	マルクス・トゥッリウス・キケロ	格言	感謝の心は最大の美徳のみならずあらゆる美徳の両親である
			松下幸之助	格言	感謝の心があって初めて、物を大切にする気持ちも、人に対するけんきょさも、生きる喜びも生まれてくる
3	2	自然の偉大さ 自然環境を大切に	宮沢賢治	コラム	自然をこよなく愛した人
	3	美しいものに感謝する心 畏敬の念	毛利衛	コラム	美しい地球　生命宿る地球
			奥村土牛	コラム	美しいものを探して
4	1	公徳心　法やきまり 自他の権利　義務	福澤諭吉	重点ページ	社会で生きる一人として守らなくてはならないこと (「福澤諭吉「ひびのおしえ」より)
	2	公正、公平 正義の実現	マザー・テレサ	コラム	みんな同じかけがえのない一人の人間
	5	家族の幸せ	山上憶良	格言	銀も金も玉も何せむにまされる宝子にしかめやも
			橘曙覧	格言	楽しみは妻子むつまじくうちつどひ頭ならべて物をくふ時
			野口英世	格言	人生最大の幸福は一家の和楽である
	8	外国の人々や文化を大切にする心 日本人としての自覚 世界の人々と親善	坂本龍馬	コラム	世界に目を向けにゃいかんぜよ

4	8	外国の人々や文化を大切にする心 日本人としての自覚 世界の人々と親善	新渡戸稲造	コラム	私は太平洋のかけ橋になりたい
			千玄室	コラム	一盌に平和へのいのりを
			ピエール・ド・クーベルタン	コラム	世界を結んだオリンピック
		自分を見つめ豊かに生きる	尾本惠市	コラム	自分を見つめ豊かに生きる
			三枝成彰	コラム	

計33名＋「礼記」

■中学校

1	1	生活習慣 節度節制	香川綾	人物コラム	健康な人間をつくるのも医学の役目ではないだろうか
			アリストテレス	格言	人は繰り返し行うことの集大成である。だから優秀さとは、行為でなく、習慣なのだ
			ホラティウス	格言	何事にも節度を守れ。何事にも中央があり、その線が適切のしるしなのだから
			フランクリン	格言	早寝早起きは、人を健康で豊かで賢明にする
	2	希望と勇気 強い意志	クラーク	コラム	少年よ大志をいだけ
			松井秀喜	人物コラム	僕は一歩ずつ階段を上がっていくタイプだと思います
			アウレリウス	格言	目標なくして人は何事もなしえない
			スピノザ	格言	自分にはできないと思う大抵の出来事は、できないのではなく、本当はやりたくないだけなのだ
			魯迅	格言	希望とは、もともとあるものとも言えぬし、ないものとも言えない。それは地上の道のようなものである。もともと地上には道はない。歩く人が多くなれば、それが道になるのだ
	3	自律の精神 誠実	上杉鷹山	人物コラム	なせば成るなさねば成らぬ何事も成らぬは人のなさぬなりけり
			白洲次郎	格言	プリンシプルを持って生きていれば、人生に迷うことは無い
			曽野綾子	格言	人生において何が正しいかなんて誰にもわからないのだから、自分の思うとおりに進んで、その結果を他人の責任にしないことが大切ではないかと思う
			井上ひさし	格言	ある選択をするということは、その選択によって生まれるはずのマイナスをすべて背負うぞ、ということでやんしょ
	4	真理真実 理想の実現	湯川秀樹	人物コラム	未知の世界を探求する人々は地図を持たない旅人である
			ユーゴー	格言	未来はいくつか名前を持っている。弱者にとっては「不可能」。臆病者にとっては「不可知」。考え深く勇気のある者にとっては「理想」
			アインシュタイン	格言	大切なのは疑問を持ち続けること
			サン＝テグジュペリ	格言	心で見なければ本当のことは見えない
	5	自己の向上 個性を伸ばして	山中伸弥	人物コラム	医師になったからには最期は人の役に立って死にたいと思っています

大項目	番号	項目	人物	種別	内容
			世阿弥	格言	初心忘るべからず
			西田幾多郎	格言	人は人　吾は吾なり　とにかく吾が行く道を　吾は行くなり
			河合隼雄	格言	「自分はだめじゃないか」という気持ちをもっていないと、進歩がありません
2	1	礼儀	松下幸之助	人物コラム	礼儀作法は堅苦しいものではなく単なる形式でもない、社会生活の潤滑油です
			貝原益軒	格言	人の礼法あるは水の堤防あるが如し。水に堤防あれば氾濫の害なく、人に礼法あれば悪事生ぜず
			新渡戸稲造	格言	信実と誠実なくしては、礼儀は茶番であり芝居である
			チャップリン	格言	私たちがみんなで、小さい礼儀作法に気をつけたなら、この人生はもっと暮らしやすくなる
	2	人間愛の精神 思いやり	若田光一	人物コラム	日本人の『思いやり』を世界が見ている
			アラン	格言	他人に対しても自分に対しても親切であること。人の生きるのを助け、自分自身の生きるのを助けること。これこそ真の思いやりである
			太宰治	格言	人を憂える、人の淋しさ侘しさ、つらさに敏感な事、これが優しさであり、また人間として一番優れている事じゃないか
			マザー・テレサ	格言	優しい言葉は、短くて簡単なものであっても、ずっとずっと心にこだまする
	3	友情 信頼	正岡子規、夏目漱石	コラム	（二人の作家の友情について）
			本田宗一郎	人物コラム	友情は、人間感情の中で最も洗練された、そして純粋な美しいものの一つだと思う
			ゲーテ	格言	空気と光とそして友達の愛。これだけが残っていれば気を落とすことはない
			キルケゴール	格言	しばらく二人で黙っているといい。その沈黙に耐えられる関係かどうか
			ロマン・ロラン	格言	私は世界にふたつの宝をもっていた。私の友と私の魂と
	4	異性についての 正しい理解	新島八重	人物コラム	"…she is a person who dose handsome." （新島襄が妻の八重を紹介した言葉）
			フィヒテ	格言	尊敬ということがなければ、真の恋愛は成立しない
			与謝野晶子	格言	女に大切なものは男にも同じく大切な筈である
			倉田百三	格言	愛とは他人の運命を自分の興味とすることである。他人の運命を傷つけることを畏れる心である
	5	寛容の心 謙虚	山岡鉄舟	人物コラム	己の知らざることは何人にてもならうべし
			孔子	格言	君子は和して同ぜず。小人は同じて和せず
			ヴォルテール	格言	互いの知識を持ち寄り、互いに許し合わなければならない。たった一人の者が見解を異にしたとしてもこの者を大目に見なければならない
			ジッド	格言	一つの立場を選んではならぬ。一つの思想を選んではならぬ。選べば、君はその視座からしか、人生を眺められなくなる
	6	感謝	振分精彦 （元小結高見盛）	人物コラム	不器用な自分を支えてくれた全ての人に感謝したい

			鈴木大拙	格言	おかげさまは、人間でなくては十分に体験せられぬのである
			シュヴァイツァー	格言	感謝を言葉や態度で表すことを後延ばしにすることのないように自分を訓練しなさい
			ケネディ	格言	感謝の念を表すときの最も崇高な方法はただ言葉にするのではなく、行動で表すことだということを忘れてはいけない
3	1	自他の生命の尊重	緒方洪庵	人物コラム	人の命を救い、人々の苦しみを和らげる以外に考えることは何もない
			ハイデッガー	格言	人はいつか必ず死ぬということを思い知らなければ、生きているということを実感することもできない
			吉川英治	格言	ひとの生命を愛せない者に、自分の生命を愛せるわけがない
			フランクル	格言	人間が生きることには、常に、どんな状況でも、意味がある
	2	自然を愛護 畏敬の念	大木聖子	人物コラム	私たちのために地球という星があるわけではありません
			ワーズ・ワース	格言	「虹」
	3	人間として生きる喜び	杉原千畝	コラム	あなたならどう考え、行動しますか
			アンネ・フランク	人物コラム	私たちは皆、幸せになることを目的に生きています
			老子	格言	人を知る者は智なり、自ら知る者は明なり。人に勝つ者は力有り、自らに勝つ者は強し
			パスカル	格言	人間はひとくきの葦にすぎない。自然のなかで最も弱いものである。だが、それは考える葦である
			ルソー	格言	良心は魂の声である
4	1	法やきまりの意義 自他の権利 義務 社会の秩序と規律	西村雄一	人物コラム	ワールドカップでも、Jリーグでもジュニアの試合でも、カードに相当する行為に違いはない
			夏目漱石	格言	義務心をもっていない自由は本当の自由ではない
			吉野作造	格言	法律の規定に触れさえしなければ何をやっても可いという思想ほど、社会に迷惑をかけるものはない
			菊池寛	格言	約束は必ず守りたい。人間が約束を守らなくなると社会生活は出来なくなるからだ
	2	公徳心 社会連帯	渋沢栄一	人物コラム	いくら年をとっても人間を辞職するわけにはいかん
	3	正義 公正、公平	ガンディー	人物コラム	全ての人の目から、あらゆる涙を拭い去ることが私の願いである
	4	役割と責任を自覚 集団生活の向上	ゲーテ	格言	自己形成がある程度まで進んだら、比較的大きな集団に加わり、他人のために生き、我が身のことを忘れるほど、これが自分の義務だと感じた活動に身をていするのが望ましい。人間はそうやって初めて自分自身を知ることができる
			エマーソン	格言	人間の器は、その人間が進んで引き受ける責任の重さによって測ることができる
			小津安二郎	格言	人間は、自分の置かれた、その中で最善を尽くすほかないでしょう
	5	勤労の尊さ 奉仕の精神 公共の福祉と社会の発展	鈴木邦雄	人物コラム	仕事の見返りは相手の方が走れた感動です

		北里柴三郎	格言	研究だけをやっていたのでは駄目だ。それをどうやって世の中に役立てるかを考えよ
		内村鑑三	格言	我々が死ぬまでには、此世の中を少しなりとも善くして死にたいではありませんか。何か一つ事業を成し遂げてできるならば我々の生まれた時よりも此日本を少しなりとも善くして　逝きたいではありませんか
		国木田独歩	格言	人はどんな場合にいても　常に楽しい心をもってその仕事をすることができれば　すなわちその人はまことの幸福な人といい得る
6	家族の一員としての自覚	鎌田實	人物コラム	誰かのために
8	郷土の発展	室生犀星	ワークシート	「ふるさとは遠きにありて思うもの」
		濱口梧陵	人物コラム	住民百世の安堵を図る
9	国家の発展 伝統の継承 新しい文化の創造	西岡常一	人物コラム	木を生かすには自然を生かさねばならず、自然を生かすには自然の中で生きようとする人間の心がなくてはならない
		岡倉天心	格言	われわれの歴史の中にわれわれの未来の秘密がかくされている
		白洲正子	格言	千年の間身にしみこんだ伝統は、個人のおもわくなんかでは消えないものだ
		野村萬斎	格言	日本人に日本をもっと知ってもらいたいと思っています。知らないことは、過度のうぬぼれや卑下を生みます。世界を目指すには、まず日本を、そして己を知ることではないでしょうか
10	国際的視野 世界の平和と人類の幸福	嘉納治五郎	人物コラム	オリンピックを真に世界の文化にせねばならない
		緒方貞子	メッセージ	中学生のみなさんへ
計79名				
全体合計延127名＋他2				

＊1　学習指導要領の示す内容の柱
＊2　文部科学省『「わたしたちの道徳」構成表』による内容の概要としての説明
＊3　右記『構成表』によるページの分類等を参考

巻末資料❸『私たちの道徳』でとりあげている読み物・詩などの一覧（参考資料❷格言の一覧も参考のこと）

主として自分自身に関すること＊1

学習指導要領の内容項目の概要	『私たちの道徳』タイトル	題名と著者＊2	概要（文部科学省『「わたしたちの道徳」構成表』および著者が加筆）あるいはタイトル
■小学校1・2年【自分をみつめて】＊2			
(1)規則正しい生活	①きそく正しく気もちのよい毎日を	「るっぺどうしたの」	子ざるのるっぺのわがままな振る舞いと生活リズムの乱れが、自分だけでなく周囲をも困らせる話。
(2)勉強や仕事はしっかりと行う	②自分でやることはしっかりと	・「うさぎとかめ」 ・「小さなど力のつみかさね―二宮金次郎」（自）	・イソップ童話。 ・家の再建をめざして、土手でのなたねの栽培など、小さな努力を積み重ねていった二宮金次郎の話。
(3)よいことと悪いことの区別	③よいと思うことはすすんで	「ぽんたとかんた」	立入り禁止の場所に遊びに行こうと、たぬきのかんたに誘われたぽんたが、よく考えて、行かないことにした話。
(4)素直に伸び伸びと生活	④すなおにのびのびと	「お月さまとコロ」	友達に謝ることができず悩んでいたこおろぎのコロが、お月様に励まされ素直さを取り戻す話。
■小学校3・4年【自分を高めて】			
(1)節度のある生活	①よく考えて節度ある生活を	・「金色の魚」 ・「少しだけなら」	・節度について考えさせる話。 ・パソコンを使う際のルールをお母さんと約束していた男の子が、一人でパソコンを使っていた時に約束を破りそうになる話。
(2)粘り強くやりとげる	②やろうと決めたことは最後まで	「きっとできる」（自）	自分の好きなことを頑張り抜く気持ちをもってマラソンに取り組んできた、シドニーオリンピック金ダリスト高橋尚子の話。
(3)勇気	③正しいことは勇気をもって	「よわむし太郎」	子供たちから「よわむし太郎」とばかにされている男が、子供たちが大切にしている鳥を殿様から守るため、勇気を出して立ち向かう話。
(4)正直明るい心	④正直に明るい心で	「六セント半のおつり―リンカーンの話」	店で働いていた若き日のリンカーンが、お客に渡したおつりが少なかったことに気づき、冬の夜道を歩いておつりを届けに行く話。
(5)自分の特徴よい所を伸ばす	⑤自分の良い所をのばして	「うれしく思えた日から」	ソフトボール投げて遠くまで投げられたことを褒められて、自分にも得意なことがあると気づき、自分の個性を伸ばしていこうとする男の子の話。
■小学校5・6年【自分をみがいて】			
(2)希望と勇気努力	②希望と勇気をもってくじけずに	「ヘレンと共に―アニー・サリバン」	ヘレン・ケラーを教育し、人生に寄り添い支えたアニー・サリバンの心を込めた努力の話。
(3)自由　自律的で責任のある行動	③自律的で責任ある行動を	「うばわれた自由」	ジェラール王子の自分勝手な振る舞いに意見し、捕らえられた森の番人ガリューが、後に自身のわがままのため投獄された王子と牢屋で再会し、本当の自由を大切にするよう説く話。
(5)真理　工夫して生活をよりよく	⑤進んで新しいものを求めて	「天からの手紙」	試行錯誤を繰り返して、大雪や重い雪の降る予測ができるよう、雪の研究を行なった科学者、中谷宇吉郎の話。

(6)自分の特徴 悪い所を改め よい所を伸ばす	⑥短所を改め、長所をのばして	レオバス・バスカーリア作「葉っぱのフレディーいのちの旅」	いろいろな葉っぱがあるわけを語り合う会話の一部。

■中学校【自分を見つめ伸ばして】

(3)自律の精神 誠実	③自分で考え実行し責任をもつ	「ネット将棋」	ネット上の将棋で、自分が不利になると、一方的に将棋の試合を中断させていた主人公が、友人の話から誠実に対応することの大切さに気づかされる話。
(4)真理 真実 理想の実現	④真理・真実・理想を求め人生を切り拓く	詩 柴田トヨ「秘密」	90歳の詩人の詩。
(5)自己の向上 個性を伸ばして	⑤自分を見つめ個性を伸ばす	詩 坂村真民「一本の道を」	タイトル「自分を深く見つめて」のページに掲載。

主として他の人とのかかわりに関すること

■小学校1・2年【人とともに】

(1)あいさつ 言葉遣い 動作など	①気もちのよいふるまいを	「たびに出て」	挨拶を面倒だと感じている、さるのけいたが旅に出て、挨拶のない島に着き、改めて挨拶の大切さに気づく話。
(2)温かいこころ 親切	②あたたかい心で親切に	「はしの上のおおかみ」	橋の上で通せんぼをして他の動物に意地悪をしていたおおかみが、くまの優しい行ないに触れて意地悪をやめる話。
(3)友達と仲よく 助け合う	③ともだちとなかよく	「およげないりすさん」	池のなかの島で遊ぼうとした際に、泳げないりすを仲間外れにした動物たちだったが、反省し、翌日、かめの背にりすを乗せて一緒に遊びに行く話。

■小学校3・4年【人と関わって】

(2)思いやり 親切	②相手を思いやり 親切に	「心と心のあく手」(自)	リハビリ中で足の不自由なおばあさんの荷物をもつために、声をかけるかかけないか迷う男の子の話。
(3)信頼	③友達とたがいに理解し合って	「同じ仲間だから」(自)	運動会の学級対抗の種目を有利に運ぼうとするために、運動が苦手なクラスメイトを休ませようかと迷う話。
(4)尊敬と感謝	④そんけいと感謝の気持ちをもって	詩 まど・みちお「朝がくると」	タイトル「誰かの生活をささえられる人に」のページに掲載。

■小学校5・6年【人とつながって】

(2)思いやり 親切	②相手の立場に立って親切に	「最後のおくり物」	俳優を夢見るロベーヌと、ロベーヌが養成所に通うためのお金を、名前を隠して援助したジョルジュじいさんの話。
(3)信頼 友情 男女仲よく	③たがいに信頼し、学び合って	「知らない間の出来事」	転校してきた女の子が携帯電話をもっていないことで「転校前の学校で仲間外れにされていたようだ」と歪曲してメール伝言され、困惑する話。
(4)謙虚な心 広い心	④けんきょに、広い心をもって	「ブランコ乗りとピエロ」	サーカスで一人目立とうとするブランコ乗りサムを広い心で受け止めるピエロと、ピエロの広い心に触れて自分の態度を省みるサムの話。

(5)感謝	⑤支え合いや助け合いに感謝して	野口英世「黄熱病とのたたかい」	黄熱病の研究に打ち込んだ野口英世が、自分の研究を支えてくれた母や周囲の人びとに感謝の思いを綴った話。

■中学校【人と支え合って】

(5)寛容の心 謙虚	⑤認め合い学び合う心を	「言葉の向こうに」	インターネットでサッカーファン仲間との交流を楽しんでいた主人公は、心ない書き込みが続いたことに怒り、自分もひどい言葉で応酬して注意され、ネットでの言葉のやり取りについて考えさせられる話。
(6)感謝	⑥人々の善意や支えに応えたい	「帰郷」	脳卒中で倒れた母親のもとに帰郷した主人公が、母親の面倒を見るという町の人の思いに触れ、故郷の人びとの温かさを知り感謝する話。
・重点ページ		詩 茨木のり子「知命」	タイトル「支え合い共に生きる」のページに掲載。

主として自然や崇高なものとのかかわりに関すること

■小学校1・2年【いのちにふれて】

(1)生命を大切にする心	①いのちを大切に	・河合雅雄「おはかまいり」 ・「ハムスターの赤ちゃん」	・ぞうは仲間が死ぬとお墓のようなものをつくり骨になってもやってくるという話を聞いたなおとが、おじいさんのお墓参りをしようと思う話。 ・生まれたばかりのハムスターの赤ちゃんの、生命力あふれる様子や、お母さんが大切に世話している様子を描いた話。
・重点ページ		やなせたかし「手のひらを太陽に」	唱歌「手のひらを太陽に」の歌詞。
(2)自然に親しみ動植物に優しい心	②生きものにやさしく	「虫が大すき―アンリ・ファーブル」(自)	虫を大切にし、熱心に生態を観察したアンリ・ファーブルの話。
(3)すがすがしい心	③すがすがしい心で	林柳波「うみ」	文部省唱歌の「うみ」の歌詞。

■小学校3・4年【命を感じて】

(1)生命の尊さ	①命あるものを大切に	・詩 宮越由貴奈「命」 ・「ヒキガエルとロバ」 ・詩 葉祥明「生きているって…」	・院内学級で過ごす小学四年生の子どもの詩。 ・少年たちが石を投げつけいじめていたヒキガエルの前に、荷車を引いたロバがやってくる。必死でヒキガエルをよけていくロバを見て、少年たちが考えさせられる話。 ・タイトル「たった一つの命つながる命」のページに掲載。
(2)自然や動植物を大切に	②自然や動植物を大切に	「植物と共に生きた人 牧野富太郎」	牧野富太郎の植物図鑑を完成させるまで。
(3)美しいものや気高いものに感動する心	③美しいものを感じて	・斎藤隆介「花さき山」 ・葛飾北斎「富士と北斎」	・斎藤隆介の「花さき山」の文章と、その本に寄せた斎藤の文章タイトル「わたしたちの心が動くのは感じる心があるから」。 ・富士山の美しさに魅せられ、さまざまな富士山の様子を描いた絵師、葛飾北斎の話。

■小学校5・6年【命をいとおしんで】

(1)自他の生命を尊重	①自他の生命を尊重して	「その思いを受けついで」	最期の時を迎えても孫への深い愛情を伝えようとする祖父と、思いを受け継いで生きていこうとする男の子の話。
・重点ページ		宮古市立田老第一中学校二年生徒「命てんでんこ」	タイトル「かけがえのない命」のページに掲載。

■中学校【生命を輝かせて】

(1)自他の生命を尊重	①かけがえのない自他の生命を尊重して	「キミばあちゃんの椿」	病気のために入退院をくり返している裕介にキミばあちゃんは、おなじように病弱で、自分の生き方を憂い悩んだ広瀬淡窓という人物と、淡窓の実践した「万善簿」を紹介する話。
(2)自然を愛護畏敬の念	②美しいものへの感動と畏敬の念を	詩　ワーズワース「虹」	（英訳と日本語訳の二つを掲載）
(3)人間として生きる喜び	③人間の強さや気高さを信じ生きる	「二人の弟子」	真面目に修行に励んできた智行と白拍子を追いかけ出奔した道信の二人の修行僧。数年後、もう一度寺に戻りたいという道信を許して受け入れた寺の上人に対し、納得できない気持ちを伝える智行。上人の「人は皆、自分自身と向き合って生きていかねばならないのだ。」という言葉に智行は涙を止めることができなかったという話。

主として集団や社会とのかかわりに関すること

■小学校1・2年【みんなとともに】

(1)約束や決まり	①やくそくやきまりをまもって	「黄色いベンチ」	雨上がりの公園のベンチの上に乗ってグライダーを飛ばしたりブランコに立ち乗りしたりして、公共の場で迷惑をかける男の子の話。
(2)働くことのよさ	②はたらくことのよさをかんじて	「森のゆうびんやさん」	森のゆうびんやさんとして、毎日、誠心誠意仕事をするくまの話。
(3)家族の役に立つ喜び	③家族のやくに立つことを	「家族のためにできることはないかな」	自分や弟が、父母の役に立つことを見つけていく話。
(5)郷土の文化や生活への愛	⑤ふるさとに親しみをもって	「ぎおんまつり」	祇園祭のお囃子の練習を頑張ってきた男の子が、伝統の祭りの良さに気づき、練習を続けて良かったと思う話。

■小学校3・4年【みんなと関わって】

(1)約束や社会の決まり　公徳心	①社会のきまりを守って	「雨のバス停留所で」	軒下に並んで雨宿りしていたバス停前で、バスが着いたので我先に乗り込もうとした女の子は、母に引き戻される。バスに乗ってからも、無言で怖い表情のままの母を見て、女の子が自分の行動を省みる話。
(3)家族で協力	③家族みんなで協力し合って	・小学三年生「家族がいっしょにいられること」 ・「ブラッドレーのせい求書」	・タイトル「家族への思い」のページに掲載。家族が元気でいっしょにいられることが幸せと感じた話。 ・ブラッドレーは、母に手伝いなどの代金を請求したが、逆に母から看病代など0ドルの請求書を示され、改心する話。
・重点ページ		「共に助け合って生きる」	家族の一員として年老いたもうどう犬ベルナとともに暮らす話。
(4)先生や学級の人々を敬愛　楽しい学級	④協力し合って楽しい学校、学級を	「みんな待っているよ」	病気のため院内学級に通うことになった女の子が、元のクラスや院内学級の友達、先生から励ましの言葉をもらい、学級の仲間の温かさやよさを感じる話。

■小学校5・6年【みんなとつながって】

(2)公正、公平　正義の実現	②公正、公平な態度で	「愛の日記」	外国人孤児のためのホームをつくり愛情を注いだ澤田美喜の生き方を父から聞き、主人公が、差別や偏見をもたず人と仲良くしていこうとする話。

(3)自分の役割を自覚 責任	③自分の役割を自覚して	「小川笙船」	小石川養生所で身分により生命の軽重をつけることなく、医師としての責任と役割を果たした話。
(7)郷土や我が国の伝統と文化 先人の努力 郷土や国を愛する心	⑦郷土や国を愛する心を	「人間をつくる道―剣道―」	主人公の少年が、剣道の試合や稽古を通して日本人が大切にしてきた「人間をつくる道」に気づいていく話。
・重点ページ		「米百俵」	明治維新の戦いで幕府方につき食料に窮した長岡藩は、送られてきた米百俵を食べずにお金にかえて、未来のための学校建設に使うことにしたという話。
(8)外国の人々や文化を大切にする心 日本人としての自覚 世界の人々と親善	⑧世界の人々とつながって	「ペルーは泣いている」	ペルーの女子バレーボールチームの監督として、ペルー選手と心を通わせ国際親善に尽くした加藤明の話。
■中学校【社会に生きる一員として】			
(1)法やきまりの意義 自他の権利 義務 社会の秩序と規律	①法やきまりを守り社会で共に生きる	「二通の手紙」	動物園に勤める元さんは、幼い姉弟の不憫な様子を見て、規則を破って時間外の入園を許したところ、姉弟の行方が分からなくなる。数時間後に二人は見つかるが、このことが園内で問題となる。二人の母親からは感謝の手紙が届くが、同時に元さんは、動物園から懲戒処分通知を受け取るという話。
(2)公徳心 社会連帯	②つながりをもち住みよい社会に	・大船渡市立第一中学校が発行した新聞「希望新聞」 ・「鳩が飛び立つ日―石井筆子」	・3・11の震災被害を受けた学校の生徒たちが、地域に役立とうとして「何でもやります」と記す。 ・困難にも諦めないで、知的障害のある子供たちのための教育にとりくんだ石井筆子の話。
(3)正義 公正、公平	③正義を重んじ公正・公平な社会を	東京都中学校生徒会長サミット「いじめ撲滅宣言」	東京都の中学校生徒会長たちが、いじめの解決への決意をまとめた文章。
(6)家族の一員としての自覚	⑥家族の一員としての自覚を	「一冊のノート」	認知症の症状が出はじめた祖母に辛くあたっていた主人公は、祖母がつけていた一冊のノートを偶然目にする。そこに込められた祖母の孫に対する必死な思いを知り、祖母に敬意と感謝の気持ちを抱く話。
(10)国際的視野 世界の平和と人類の幸福	⑩日本人の自覚をもち世界に貢献する	「海と空―樫野の人々―」	トルコの船エルトゥールル号遭難の際に、樫野の人びとが示した献身的行為と、その後のトルコと日本の国際的規模の相互扶助の話。
＊あなたの身近にいじめはありますか		一戸冬彦「卒業文集最後の二行」	中学校時代に自分がいじめた女子の、卒業文集の文章の最後の二行の内容に、自分の罪深い行為にはじめて気がつき、30年経ち、大人になった今も、謝罪尽くせない自分の非を悔いているという話。

＊1　学習指導要領の内容分類の柱
＊2　（自）とは、自作の文章、著者名義の文章。著者名のない文章は文部科学省発行の道徳資料

参考文献

勝田守一著『勝田守一著作集第１巻　戦後教育と社会科』国土社、1972 年
上田薫他編『社会科教育史資料１』『社会科教育史資料２』東京法令出版、1974 年
片上宗二編『敗戦直後の公民教育構想』教育史料出版会、1984 年
藤田昌士著『道徳教育――その歴史・現状・課題』エイデル研究所、1985 年
上田薫著『道徳教育論』（上田薫著作集 6）黎明書房、1993 年
堀尾輝久著『いま、教育基本法を読む――歴史・争点・再発見』岩波書店、2002 年
小沢牧子・長谷川孝編著『「心のノート」を読み解く』かもがわ出版、2003 年
子どもと教科書全国ネット 21 編『ちょっと待ったぁ！教育基本法「改正」――「愛国心教育」「たくましい日本人」「心のノート」のねらいを斬る』学習の友社、2003 年
三宅晶子著『「心のノート」を考える（岩波ブックレット No.595）』岩波書店、2003 年
大田堯著『わたしたちの教育基本法』埼玉新聞社、2003 年
入江曜子著『教科書が危ない――「心のノート」と公民・歴史』岩波新書、2004 年
岩川直樹・船橋一男著『「心のノート」の方へは行かない』寺子屋新書、2004 年
島村輝著『「心のノート」の言葉とトリック』つなん出版、2005 年
子どもと教科書全国ネット 21 編『「改正」基本法で教育は「再生」できるか』学習の友社、2007 年
藤田昌士著『学校教育と愛国心――戦前・戦後の「愛国心」教育の軌跡』学習の友社、2008 年
子どもと教科書全国ネット 21 編著『最良の「教科書」を求めて――「教科書制度」への新しい提言』つなん出版、2009 年
河野哲也著『道徳を問いなおす――リベラリズムと教育のゆくえ』ちくま新書、2011 年
松下良平著『道徳教育はホントに道徳的か？――「生きづらさ」の背景を探る』日本図書センター、2011 年
子どもと教科書全国ネット 21 編著『教科書の国定化か !?――安倍流「教育再生」を問う』かもがわ出版、2013 年
さいたま教育文化研究所 教育課程と授業づくり研究委員会編『民主的な道徳教育を創造するために　実践編』さいたま教育文化研究所、2014 年

編者紹介

子どもと教科書全国ネット 21

◉「子どもと教科書全国ネット 21」が結成されたのは、1998 年 6 月です。その母体となったのは、家永教科書裁判の支援運動でした。32 年続いた家永教科書裁判は、1997 年 8 月、4 カ所の検定の違法を確定させた最高裁判決をもって終了しました。教科書裁判の支援運動は、教科書の内容と制度を改善するためのさまざまな活動にとりくんできました。そこで裁判終了後も、おなじような役割を果たす全国的な組織がどうしても必要だという声が起こり、とりくむ内容も教育全体に広げる形で、「子どもと教科書全国ネット 21」は結成されました。

いま、「子どもと教科書全国ネット 21」では、本書の編集のような活動とあわせて、つぎのような活動を行なっています。

第 1 に、子ども、教育、教科書など当面する問題についての話し合いや、調査活動、外に向けてのいろいろな働きかけを行なっています。それらの成果に基づいて、シンポジウムや学習集会なども企画しています。

第 2 に、「地域ネット」づくりを進めています。教育や教科書の活動を地域でとりくむのが、地域の組織である「地域ネット」です。教科書の採択問題では、とても重要な役割を果たしています。

第 3 に、ホームページ（http://www.ne.jp/asahi/kyokasho/net21/）を開設するとともに、年 6 回の「ニュース」や「事務局通信」などを会員のみなさまに送り、子どもと教育・教科書をめぐる資料・情報を提供しています。

「道徳の教科化」をめぐる問題については、この問題をもっと手軽に知っていただくためのパンフレット『道徳が教科になると　子どもは……』（A4 判 16 ページ、30 円）も発行しています。本書とあわせてご活用ください。

◉代表委員（50 音順）

石川　康弘　（神戸女学院大学教授）
尾山　宏　　（弁護士）
小森　陽一　（東京大学大学院教授）
髙嶋　伸欣　（琉球大学名誉教授）
田代　美江子（埼玉大学教授）
田港　朝昭　（琉球大学名誉教授）
鶴田　敦子　（元聖心女子大学教授）
西野　瑠美子（ジャーナリスト）
山田　朗　　（明治大学教授）
渡辺　和恵　（弁護士）

◉子どもと教育・教科書をめぐる活動を力を合わせていっそう大きくするために、みなさんが「子どもと教科書全国ネット 21」に参加してくださるよう呼びかけます。

加入するには、「子どもと教科書全国ネット 21」の郵便振替口座に、年会費（個人 1 口 3000 円、団体 1 口 5000 円、学生 1 口 1000 円）を振り込んでくだされば、手続き完了です。ホームページから加入申し込みもできます。

「子どもと教科書全国ネット 21」を中心に、よりよい教育の実現をめざし、みんなで手をつなぎましょう。

〒 102-0072　東京都千代田区飯田橋 2-6-1 小宮山ビル 201
TEL 03(3265)7606　FAX 03(3239)8590
http://www.ne.jp/asahi/kyokasho/net21/
E-mail kyokashonet@a.email.ne.jp
郵便振替口座名　子どもと教科書全国ネット 21　口座番号 00160-5-32242

■執筆者紹介

俵 義文（たわら・よしふみ）

1941 年生まれ。中央大学卒。子どもと教科書全国ネット 21 事務局長。立正大学心理学部非常勤講師。日中韓共同歴史編纂委員会共同代表。

鶴田敦子（つるた・あつこ）

1943 生まれ。元聖心女子大学教授。元日本家庭科教育学会長。現在、生活やものづくり学びネットワーク、子どもと教科書全国ネット 21 などに所属。

小佐野正樹（こさの・まさき）

1942 年生まれ。元東京都内公立小学校教諭。科学教育研究協議会元委員長。子どもと教科書全国ネット 21 常任運営委員。自然科学教育研究所代表。

貝田 久（かいだ・ひさし）

1949 年生まれ。元埼玉県内公立小学校教諭。日本作文の会・埼玉作文の会会員。さいたま教育文化研究所教育課程と授業づくり研究委員会所属。川口市教職員組合附属教育研究所協力委員。

真田裕子（さなだ・ゆうこ）

1958 年生まれ。東京都内公立中学校教諭。子どもと教科書全国ネット 21 会員。

藤田昌士（ふじた・しょうじ）

1934 年生まれ。東京大学大学院教育学研究科修士課程修了。東京都大田区立大森第二中学校教諭、東京大学教育学部助手、国立教育研究所研究室長、福島大学教育学部教授、立教大学文学部教授などを歴任。

合同ブックレット❻

徹底批判!!「私たちの道徳」道徳の教科化でゆがめられる子どもたち

2014 年11 月 10 日　第 1 刷発行

編　者　子どもと教科書全国ネット 21
発行者　上野良治
発行所　合同出版株式会社
東京都千代田区神田神保町 1-44
郵便番号　101-0051
電話　03（3294）3506/FAX　03（3294）3509
URL　http://www.godo-shuppan.co.jp/
振替　00180-9-65422
印刷・製本　新灯印刷株式会社

■刊行図書リストを無料進呈いたします。
■落丁・乱丁の際はお取り換えいたします。

ISBN978-4-7726-1218-0　NDC370　210 × 148